Zoeken naar vrijheid

Femke Halsema

Zoeken naar vrijheid

Teksten 2002-2010

2011 Uitgeverij Bert Bakker Amsterdam

© 2011 Femke Halsema
Omslagontwerp Irma Boom
Foto auteur Harold Pereira
Zetwerk Mat-Zet bv, Soest
www.uitgeverijbertbakker.nl
ISBN 978 90 351 3656 4

Uitgeverij Bert Bakker is onderdeel van Uitgeverij Prometheus

GEDICHT VOOR EEN LAND OP DRIFT

en het was in de dagen van tuitend onthagen dat er nachten lengden
en de nachten waren niet stil te krijgen maar van berichten
en berichten over berichten gejaagde hoofden van hoogpotig licht
als fronsende spoken die het land ontdarend berilden
dat het overal begon te fnuiken

en het was in de nachten van daverend doemen dat het daagde
dat niets nog zichzelf leek en de ander niet meer op ons
dat blauw pas gaf in straten van waking daar lang genoeg
was geslapen en alom daagde dat waarden
wormen waren die knaagden in de onderbuik van de straat
waar niets meer binnensmonds werd verbeten en roep spoog
op alles wat was zoals het was want alles was te nieuw
en al veel te lang fout gegaan

het fluisteren in oren was hopeloos uit de mode geraakt
zoals geloof in geuren en hoop op lente van ogen
en zelden zag je een merel blozen van de klank
van liefde op stille lippen

en het was in die dagen van optuimelend onderroer en ramspraak
dat het aangespoelde hoofd van de dichter van duister werd gevraagd
te spreken van geloof hoop en liefde en dit is wat hij zei

wij moeten kerst verslapen en lente maken
op elkaars wangen

ILJA LEONARD PFEIJFFER

Dit gedicht is geschreven voor de campagnestart van Linkselente.nl in 2006.

Inhoud

Inleiding

In 2004 publiceerde ik het artikel 'Vrijzinnig links' in *De Helling*, het blad van ons wetenschappelijke bureau. Een jaar later volgde het manifest 'Vrijheid eerlijk delen', samen met Ineke van Gent, over de toekomst van de verzorgingsstaat, en werkte ik mee aan het boek *Vrijheid als ideaal*, van onze (toenmalige) wetenschappelijke directeur Bart Snels. Deze publicaties deden veel stof opwaaien en ze zorgden voor interne discussie in GroenLinks en venijnig commentaar vanuit de PvdA en de SP. Dat werd niet minder toen ik begin 2006 door de JOVD, de jongerenorganisatie van de VVD, werd uitgeroepen tot 'liberaal van het jaar'. Verwijten van 'verrechtsing', 'neoliberalisme' en 'marktfetisjisme' waren niet van de lucht en deze krijg ik nog altijd met enige regelmaat tegengeworpen.

Niet alleen heb ik me altijd verzet tegen deze gemakkelijke predicaten, ik vond en vind dat met name de (groen)linkse afzenders ervan zichzelf geen dienst bewijzen.

In deze bundel treft de lezer mijn opvattingen over 'vrijheid' aan, zoals ik die sinds 2002 in lezingen en artikelen heb verwoord. De indeling ervan is deels chronologisch, deels thematisch. Bijvoorbeeld de teksten over vrijheid en linkse, sociale politiek zijn bij elkaar geplaatst, maar ze geven in navolgende jaren ook de ontwikkeling in mijn opvattingen aan.

Toen ik de teksten voor deze bundel verzamelde en herlas, heb ik mezelf nog eens de vraag gesteld waarom ik er al die jaren zo op heb gehamerd dat het ideaal van individuele vrijheid juist door linkse en progressieve politici moet worden verdedigd. Ik kom tot twee antwoorden.

Het exacte moment kan ik me niet herinneren, maar het moet ergens ten tijde van de Rushdie-affaire zijn geweest dat Frits Bolkestein proclameerde dat de mensenrechten een 'westers ideaal' zijn. De Rushdie-affaire was in eerste instantie door linksgeoriënteerde, progressieve publicisten, zoals Stephan Sanders, Anil Ramdas en Chris Keulemans, in Nederland in het publieke debat gebracht. Ook zij deden een beroep op de mensenrechten, met name de vrijheid van meningsuiting, en beklemtoonden de universaliteit ervan. Met de tussenkomst van Bolkestein veranderde het debat over de mensenrechten in een culturele strijd, waarbij de westerse verlichtingsidealen in stelling werden gebracht tegen de culturele wreedheden en mensenrechtenschendingen in de rest van de wereld en met name in islamitische staten.

Sindsdien is het gemeengoed geworden dat de mensenrechten vooral westers bezit zijn. Ik heb deze ontwikkeling met lede ogen aanschouwd. Ik kan vanzelfsprekend niet ontkennen dat de mensenrechten hun oorsprong vinden in de westerse verlichting. Maar ik beschouw het als een van de grootste verworvenheden van de moderne tijd dat de mensenrechtenverdragen wereldwijd zijn ondertekend en (ondanks het feit dat zij zelden goed worden nageleefd) ook het bezit zijn geworden van burgers elders. De Iraanse activisten van de 'groene revolutie' eisen vrijheid met een beroep op de mensenrechten, de Birmese Nobelprijswinnaar Aung San Suu Kyi heeft haar jarenlange gevangenschap aangevochten met een beroep op diezelfde rechten. Overal op de wereld zijn er burgers in verzet tegen tirannie en politieke misdrijven en zij kunnen zich daarbij baseren op de fundamentele menselijke vrijheden die in internationale verdragen zijn vastgelegd. De mensenrechten zijn met andere woorden niet ons westerse schild tegen een onbarmhartige wereld, maar het bezit van alle burgers, in Iran, China, Rusland en hier.

Mijn indruk is dat rechtse politici zich de mensenrechten redelijk succesvol hebben toegeëigend. Aangezien het hen daarbij vooral gaat om de verdediging van 'onze' culturele erfenis, is het toepassingsbereik ervan echter veel kleiner geworden. Hoe is het anders te verklaren dat VVD-leider Mark Rutte samen met de PVV met veel poeha in de VVD-vertrekken in het parlement een 'vrijdenkersruimte' opent, maar tegelijkertijd in hetzelfde samenwerkingsverband de 'vrije partnerkeuze' uit het Europees Verdrag voor de Rechten van de Mens wil beperken? Of hoe kun je rijmen dat het 'vrije woord' in Nederland (voor de gelijkgestemden) heilig wordt verklaard, maar er ook door PVV'ers triomfantelijk op de kamerbankjes wordt geroffeld als een kleine groep kwetsbare christenen wordt uitgezet naar Irak? Wat te denken over de grote verontwaardiging over salafisme in Nederland, terwijl geaccepteerd wordt dat er wapenleveranties plaatsvinden aan de economische partner en schurkenstaat Saudi-Arabië? De mensenrechten zijn sinds enige tijd aan relativering onderhevig en dat is ernstig. Te dikwijls worden ze wel van toepassing verklaard op de eigen, autochtone groep (het vrije woord, de vrijheid van godsdienst), maar blijken ze relatief voor de ander, de allochtoon, de moslim.

De mensenrechten zijn het fundament waarop onze waardigheid en onze vrijheid als burgers rusten. Het selectieve verdedigen ervan is in feite hetzelfde als het loslaten ervan. De rechtvaardige behandeling van 'onze' burgers strekt zich ook uit tot Guantánamo Bay, *waterboarding* en het op straat zetten van minderjarige asielzoekers.

Onterecht heeft 'links' zich laten intimideren door het populistische verwijt van cultuurrelativisme. Enige, terechte, relativering van de superioriteit van de 'eigen' westerse of Europese cultuur is echter veel minder schadelijk dan de relativering van de universaliteit van mensenrechten. Linkse en progressieve partijen (PvdA, sp, D66 en GroenLinks) kennen een lange traditie van de verdediging van internationale mensenrechten. Het zijn ook deze partijen die zich altijd hebben verzet tegen een opportunistische omgang ermee als handelsbelangen of diplomatieke verhoudingen in het gedrang raakten. Hoeveel rechtse partijen ook het woord 'vrijheid' in hun naam (gaan) dragen, het komt linkse politici toe om 'vrijheid' zoals deze internationaal en in onze Grondwet is vastgelegd trots te verdedigen. Zeker nu met de komst van het kabinet-Rutte beperking van internationale mensenrechtenverdragen als 'daadkracht' wordt geadverteerd, is er bovendien een grote verantwoordelijkheid om tegenover de zogenaamde rechtse vrijheidsminnaars te laten zien dat er een groot verschil is tussen zeggen en doen, tussen lege retoriek en vrijheid daadwerkelijk beschermen. Dat is mijn eerste antwoord.

In het boek *Van de straat naar de staat* (2010), dat verscheen ter ere van het twintigjarig bestaan van GroenLinks, word ik een 'Uyliaan' genoemd. Het is in zoverre terecht dat ik beïnvloed ben door *De weg naar vrijheid*, een rapport dat in 1951 mede door Joop den Uyl is opgesteld. Den Uyl heeft er toen en later (in de jaren zeventig) scherp afstand van genomen dat 'gelijkheid' werd uitgeroepen tot het dragende beginsel van linkse politiek in het algemeen en sociaaldemocratie in het bijzonder. Wijlen PvdA-ideoloog Bart Tromp heeft wel eens gememoreerd dat Den Uyl om deze reden in de jaren zeventig in eigen kring 'te rechts' werd gevonden. Den Uyl heeft echter altijd verdedigd dat gelijke kansen en een gelijkere verdeling van macht noodzakelijke voorwaarden waren voor individuele vrijheid. Gelijkheid is een middel, vrijheid is het doel.

Het heeft niet mogen verhinderen dat dit doel van individuele vrijheid, van emancipatie en ontplooiing, de afgelopen decennia te veel uit het zicht is verdwenen. Al te vaak is het middel van 'gelijkheid' – of beter: gelijke kansen – verheven tot een doel waarmee linkse politiek samenvalt. De fiscale instrumenten voor inkomensherverdeling en de talloze sociale regelingen die in het leven zijn geroepen om mensen tegen armoede en achterstelling te beschermen hebben grote zelfstandige, politieke betekenis gekregen, waaraan linkse politici hun lot verbinden. Nog altijd is het zo dat linkse politici de barricaden op gaan met als slogan 'handen af van de AOW' en – afhankelijk van de 'afbraak' die dreigt – 'van de WW, de Wajong, de WSW'. Hoewel redeloze bezuinigingen op sociale voorzieningen inderdaad tot nieuwe armoede, achterstand én onvrijheid leiden, is deze herhaalde verdediging van 'instrumenten' onaantrekkelijk en ineffectief. Terecht hebben linkse partijen de afgelopen jaren verwijten gekregen van kriktloze verdediging van de huidige verzorgingsstaat en van etatisme. Temeer daar geleidelijk zichtbaar is geworden dat een aantal traditionele instrumenten vervelende bijeffecten heeft, zoals langdurige staatsafhankelijkheid en een armoedeval voor mensen die de stap vanuit de bijstand naar werk willen zetten. Daar komt bij dat de kosten van deze regelingen drukken op komende generaties die bij dreigende onbetaalbaarheid minder kansen én vrijheid zullen kennen.

Het verabsoluteren van 'verworven rechten' heeft er bovendien toe geleid dat een open discussie over de effectiviteit van sociale regelingen moeilijk, zo niet onmogelijk wordt. Ondanks het feit dat er bijvoorbeeld een gerede zorg is dat het opheffen van de financiële regeling voor jonggehandicapten

(Wajong) enkel tot armoede leidt, zouden juist linkse politici moeten nadenken over 'de gouden kooi' die diezelfde regeling is geworden. Het doel van zo'n regeling moet zijn dat jonge kwetsbare mensen extra en nieuwe kansen krijgen op de arbeidsmarkt, dat er ruimte ontstaat voor hun emancipatie en ontplooiing tot volwaardige deelnemers aan onze samenleving. In werkelijkheid betekent toetreding tot de Wajong nu voor velen ook dat ze worden afgeschreven.

En hiermee kom ik aan mijn tweede antwoord. Niet alleen het beschermen van de vrijheid van burgers tegen tirannie en mensenrechtenschendingen hoort bij links thuis; het 'bevrijden' van mensen uit armoede en het gebrek aan kansen die voortkomen uit opvoeding, ouderlijk milieu en opleiding zijn voor mij de kern van linkse politiek. Gelijkberechtiging en politiek van gelijke kansen zijn middelen om dat doel, van grotere individuele vrijheid, te bereiken. Zolang linkse politici zichzelf veroordelen tot instrumentalisme en tot het kritiekloos verdedigen van een gemankeerde verzorgingsstaat, kunnen zij zichzelf, noch al die burgers die hun aan het hart gaan, goed toerusten om 'de weg naar vrijheid' te vinden.

Sinds 1998 ben ik volksvertegenwoordiger en vanaf eind 2002 ook fractievoorzitter. Toen ik begon kon ik niet bevroeden dat ik daarmee in een heel bevoorrechte positie getuige zou zijn van een historische periode in de Nederlandse en internationale politiek. De aanslagen op de Twin Towers en de politieke moorden op Pim Fortuyn en Theo van Gogh hebben het gezicht van Nederland en de Nederlandse politiek veranderd. Van een voortkabbelende overlegdemocratie is ons land veranderd in een gepolariseerde samenleving en ons parlement van een vriendelijk forum in een strijdlustige arena. In de eerste lezing in deze bundel, die ik hield in 2002, merk ik op dat het als betrokkene in de nieuwe polarisatie nauwelijks mogelijk is met distantie te oordelen over de veranderingen die plaatsvinden. Ook nu, acht jaar later, is het stof nog onvoldoende neergedaald (en de vraag is of het nog neer zal dalen) om een finaal oordeel te kunnen vellen over de betekenis van de maatschappelijke en politieke veranderingen van de afgelopen tien jaar.

Eén ding weet ik inmiddels wel zeker. Onze vrijheid is een kwetsbaar goed. De bedreiging van onze vrijheid door islamitische terroristen lijkt ook heel geleidelijk te leiden tot de aantasting ervan, van binnenuit. De talloze repressieve maatregelen die zijn genomen, de dreigende aantasting van mensenrechtenverdragen, de polarisatie en het toenemende wantrouwen tussen bevolkingsgroepen ondermijnen onze vrije omgang met elkaar. Dat mogen wij ons niet laten gebeuren.

Ik ben, tot slot, in kleine kring berucht om mijn onvermogen om te delegeren en bijvoorbeeld 'ghostwriters' te accepteren bij lezingen en artikelen. Dit neemt niet weg dat ik voor mijn 'geestelijke voedsel' de afgelopen jaren van veel mensen afhankelijk ben geweest. Vooral Tom van der Lee en Bart Snels wil ik bedanken voor alle uren die zij hebben besteed aan het voortgaande gesprek met mij, de artikelen en (uitgeschreven) gedachten die zij mij hebben aangereikt en de kennis en creativiteit die zij zo gul met mij hebben gedeeld.

Daarnaast wil ik Zulmira Roeling bedanken omdat zij mij jaar in jaar uit, in haar aangrenzende kamertje, heeft behoed voor chaos en mij als geen ander heeft geholpen om mijn werk zo goed mogelijk te doen.

UIT LIEFDE VOOR DE GRONDWET

Blijf van onze grondrechten af

Over de rechtsstaat na de moord op Fortuyn

Van mij zult u geen wetenschappelijk exposé krijgen. De afgelopen jaren die ik als praktiserend politicus heb doorgebracht, hebben mijn wetenschappelijke opvoeding aardig bedorven. Wat ik u wil en kan bieden, zijn enkele politieke observaties: gedachten die zich in de loop van de afgelopen maanden in mijn hoofd hebben genesteld en weigeren te verdwijnen. Daar hoort ook een tweede waarschuwing bij. De politieke omwenteling van het afgelopen halfjaar, de moord op Pim Fortuyn op 6 mei, het maatschappelijke en politieke klimaat dat daaraan voorafgaand en daaropvolgend is ontstaan, zijn voor ons allen zeer ingrijpend.

Hoewel de stofwolken beginnen neer te dalen, acht ik het te vroeg voor een afgeronde analyse van wat heeft plaatsgevonden. Of beter gezegd, ik ben daar nog niet toe in staat. De betekenis van de leefbaarheidspolitiek, van de verharding van het democratische debat, van de kritiek op de democratische rechtsstaat: op dit moment kan ik moeilijk beoordelen wat blijvend is. Of hier sprake is van een definitieve en onomkeerbare verandering van samenleving en politiek, of van een rimpeling – beter, een grote golf – in een vijver van uiteindelijk stabiele en slechts geleidelijk veranderende maatschappelijke verhoudingen.

De afgelopen maanden heb ik de veranderingen in de politiek bovendien van heel nabij aanschouwd, en daarvan ook de electorale gevolgen ondervonden. Toen ik deze lezing voorbereidde, merkte ik dat dit een groot nadeel heeft. Omdat veel energie verloren gaat aan kortstondig politiek rumoer en het bepalen van de eigen politieke positie, is gedistantieerde beschouwing van de staat van de parlementaire politiek tegelijkertijd lastig. In de loop van mijn betoog zal ik proberen de beoordeling of er sprake is van de bedreiging van grondrechten los te maken van de meer recente politieke gebeurtenissen.

Ik wil beginnen met een verhaal van het front. Gisterenmiddag debatteerde de Tweede Kamer met de nieuwe minister voor Vreemdelingenzaken en Integratie, minister Nawijn, over de talloze plannen die hij de afgelopen weken in de media heeft gelanceerd. Het stopzetten van subsidies voor projecten voor allochtonen, het uitzetten van Marokkaanse Nederlanders die hun vrouw hebben mishandeld of andere criminele feiten hebben gepleegd, het bestraffen van gemeenten die illegalen helpen, het ontwerpen van detentiecentra voor uitgeprocedeerde asielzoekers, zijn streven om 80 procent van de asielzoekers aan de grens te weigeren, enzovoort.

De meeste parlementaire aandacht trok zijn voorstel om Marokkaanse criminelen hun Nederlandse nationaliteit te ontnemen en vervolgens als ongewenste vreemdeling naar Marokko te verwijderen.

De nieuwe minister bediende zich gisteren van een juridische truc. Zoals u allen wellicht weet, mag de inwoners van dit land hun paspoort niet worden ontnomen: mensen zouden dan stateloos worden, en talloze internationale verdragen en onze Grondwet beschermen hen daartegen. Nederlanders van Marokkaanse herkomst, alsook van Iraanse herkomst, verkeren in een andere situatie. Normaliter doe je namelijk bij het verzoek de Nederlandse nationaliteit te verwerven afstand van je oorspronkelijke nationaliteit. Voor Marokkanen en Iraniërs is dat niet mogelijk. Het recht in hun herkomstland verbiedt hun afstand te doen van hun oorspronkelijke nationaliteit. Om Marokkanen en Iraniërs toch de mogelijkheid te geven om het Nederlanderschap te verwerven, is bij wet de dubbele nationaliteit gecreëerd.

U voelt waarschijnlijk wel waar de minister naartoe wil. Deze mensen mogen dan wel Nederlander zijn, maar in zijn beleving zijn ze toch een onsje minder dan de anderen. Ze bezitten nóg een nationaliteit, en verlies van het Nederlanderschap maakt hen niet stateloos, maar illegale, in Nederland verblijvende Marokkanen.

De minister laat onderzoeken of internationale verdragen zich hiertegen verzetten, en zoals hij de Kamer opgetogen liet weten, is er waarschijnlijk geen mensenrecht of grondwetsartikel dat zich verzet tegen zijn plan voor uitzetting.

Met zijn voorstel is nog iets aan de hand, en daaraan werd helaas gisteren in de Kamer onvoldoende aandacht aan besteed. De minister introduceert namelijk, overigens zonder het zo te noemen, een nieuwe straf: de straf van verbanning. En nog opvallender: hij introduceert deze straf voor één enkele etnische groep. Ben je een Turkse of een oorspronkelijke Nederlander en je hebt stelselmatig criminele feiten gepleegd, dan wacht je een gevangenisstraf; ben je een Marokkaanse Nederlander, dan wacht je verbanning naar je herkomstland, ongeacht of je hier bent geboren of opgegroeid en Marokko nauwelijks kent. De vraag is of hier sprake is van schending van artikel 1 van de Grondwet: het discriminatieverbod. Mij lijkt van wel.

Sinds Pim Fortuyn in een *Volkskrant*-interview in februari het discriminatieverbod ter discussie stelde, lijdt artikel 1 onder een verkeerde interpretatie. Fortuyn presenteerde dit artikel als een inperking van het vrije woord voor burgers die onderling met elkaar in debat willen. En sinds 'ik wil alles kunnen zeggen wat ik denk' een modeartikel is geworden – sinds schelden en grove generalisaties van groepen mensen worden beschouwd als het ultieme bewijs van het bezit van het vrije woord – wordt artikel 1 van de Grondwet beschouwd als een hinderlijk obstakel. Als een 'politiek correct' speeltje van de 'linkse kerk' dat andersdenkenden de mond snoert en – nog erger – als een alibi wordt gebruikt om niet naar 'het volk' te luisteren dat 'zijn buik' vol heeft van de multiculturele samenleving, van verloedering die de schuld is van al die mensen die zich progressief noemen in dit land, en wat dies meer zij.

U ziet: een paar maanden oefening heeft mij aardig thuisgemaakt in de taal van de 'nieuwe politiek'.

Maar hoewel artikel 1 ook grenzen stelt aan de mate waarin burgers onderling elkaar mogen benoemen en bejegenen, bevat het discriminatieverbod vooral een opdracht voor de overheid. Het is het verbod voor de overheid om mensen vanwege hun godsdienst, ras, levensovertuiging enzovoort ongelijk te behandelen. U kent natuurlijk de populaire samenvatting van het artikel: gelijke gevallen dienen gelijk, ongelijke gevallen dienen ongelijk te worden behandeld. Hieruit vloeit voort dat daders van criminele feiten, ongeacht hun etnische afkomst, gelijk dienen te worden behandeld. Een Marokkaanse Nederlander met een strafblad kan en mag geen andere behandeling wachten dan een ander. Gebeurt dat wel, dan ontstaat strijd met artikel 1 van de Grondwet.

Waarom haal ik dit voorbeeld zo uitgebreid aan? In de begeleidende brief die minister Nawijn naar de Kamer zond, stelde hij ook dat hij niet van zins is om de Grondwet aan te tasten. Dit neemt niet weg dat hij al het ambtelijke en juridische vernuft dat tot zijn beschikking staat, zal aanwenden om de Grondwet in zijn eigen voordeel te manipuleren, te omzei-

len en uit te hollen. Aangezien zijn beleidsvoornemens in onze
– nog altijd – monistische politieke cultuur bijna vanzelfsprekend op een meerderheid in het parlement kunnen rekenen,
zal weinig hem tegenhouden.

Deze ministeriële ambitie van grondwettelijke of mensen-
rechtelijke creativiteit staat niet op zichzelf, maar begint de
laatste jaren een vast onderdeel van het bestuurlijke handelen
te vormen. Met telkens grotere regelmaat waarschuwt de Raad
van State ervoor dat nieuwe wetten en wetswijzigingen spanning of strijd opleveren met artikelen in de Grondwet of met
bepalingen in internationale verdragen. Langzamerhand lijkt
er een school te ontstaan van een omfloerste redeneertrant
waarin de veronderstelde spanning met de Grondwet wordt
opgeheven door toevoeging van een – meestal lege – zinsnede,
zonder iets noemenswaardigs aan de bediscussieerde wet en
de begeleidende teksten te veranderen. Doordat constitutionele toetsing door de rechter helaas – nog – niet tot de mogelijkheden behoort, hoeven ministers zich alleen van instem-
ming door het parlement te verzekeren.

De werktitel die deze lezing van de organisatie meekreeg,
luidt 'Bedreigde grondrechten sinds 6 mei'. Dat is een interessante titel. Deze veronderstelt namelijk dat de moord op Fortuyn en de gevolgen die dat heeft gehad, in zichzelf een bedreiging van de grondrechten opleveren. Dat betekent dat de schok
van de moord de rechtsstaat verandert of dreigt te veranderen.

Ik denk dat de aantasting van grondrechten – waarvan naar
mijn idee inderdaad sprake is, en die ik verontrustend vind –
een geleidelijker proces is. Maar ik sluit niet uit dat 6 mei en de
reactie die die dag heeft opgeroepen de aantasting van grondrechten die al aan de gang is, in een stroomversnelling brengt.

Dit wil niet zeggen dat ik denk dat de 6de mei zonder gevolgen is, zoals ook de aanslag op de Twin Towers gevolgen heeft
voor de rechtsstaat. De politieke moord op Fortuyn – en ik

denk dat we geleidelijk wel mogen aannemen dat de moord met politieke motieven is gepleegd – en de schok die deze gaf, heeft onze noties van rechtvaardigheid en beschaafde democratische omgang op de proef gesteld.

Een deel van de opvattingen van politici over het verloop van de strafzaak van Volkert van der G. kan ook als ongrondwettig worden beschouwd. De bemoeienis met de keuze voor de rechter en de politieke wens om Volkert van der G. onder dwang te voeden en hem zijn zwijgrecht te ontnemen zijn rechtstreekse aanvallen op de in onze Grondwet vastgelegde beginselen van de rechtsstaat. Als deze opvattingen precedentwerking hebben en leiden tot verandering van wetgeving – en daar heeft het de schijn van – dan kan ook gesteld worden dat als een gevolg van 6 mei de grondrechten bedreigd worden.

In nog een tweede opzicht zou gesteld kunnen worden dat de 6de mei een bedreiging van de grondrechten oplevert. Niet zozeer van de afzonderlijke grondrechten, als wel van de democratische cultuur, die door de grondrechten wordt geschraagd. Elsbeth Etty schreef enige tijd geleden in NRC *Handelsblad* dat zij zich eraan stoorde dat de moord op Fortuyn het kapitaal was geworden van de LPF, waarmee die partij politieke tegenstanders om de oren mag slaan. Sinds de moord, en de beruchte opmerking van een LPF-voorman dat 'de kogel van links' kwam, is het democratische debat besmet met ondemocratische verdachtmakingen. In de toch enigszins hysterische atmosfeer die sinds 6 mei ook de politiek in zijn greep heeft gekregen, wordt weinig terughoudendheid betracht in het diskwalificeren van politieke tegenstanders én van minderheidsopvattingen als extremistisch en soms zelfs terroristisch.

Midden in de zomer moest ik namens GroenLinks het debat voeren over de regeringsverklaring van het nieuwe kabinet-Balkenende. Ik kreeg tijdens dat debat een aanvaring met Mat Herben, inmiddels de ex-leider van de LPF, over de oorzaken van de bedreigingen aam het adres van politici. Het debatje was fel; hij was boos, ik was boos, tot dusver niet zoveel aan de hand. Maar terwijl ik achter de interruptiemicrofoon kond deed van mijn bezwaren, werd er vanuit het LPF-blok gesist: 'Wegwezen jij, wegwezen, rot op!' Nu is dit maar een voorbeeld, maar ik haal het niet voor niets aan. Paul Kalma schreef namelijk ooit over democratie het volgende: 'Meer dan een besluitvormingstechniek of een wijze van machtsuitoefening is democratie een politieke cultuur, die uitgaat van de bereidheid om zich open te stellen voor de argumenten van de tegenstander en om zich van het eigen belang of standpunt, al is het maar tijdelijk, los te maken.'

Iedere politicus (ik niet in de laatste plaats) weet dat het moeilijk kan zijn om je in te leven in de opvattingen van je politieke tegenstander, zeker als deze haaks staan op je eigen opvattingen van rechtvaardigheid, fatsoen en respect. Toch is dit een noodzakelijke voorwaarde voor een open democratisch debat. Sinds 6 mei lijkt sprake van wat ik een ongezonde en ondemocratische vorm van polarisatie zou willen noemen. Minderheidsopvattingen behoren in een democratie te worden aangehoord en bediscussieerd. De politieke orde hoort niet enkel open te staan voor de democratische meerderheid, terwijl politieke minderheden worden gediskwalificeerd.

Zoals ik aan het begin al zei, is het denk ik te vroeg om te beoordelen of hier sprake is van een – ook nog begrijpelijke – emotionele reactie die afzwakt, of van een werkelijke verandering van de politieke cultuur. Als dat laatste het geval is, kun je denk ik gevoeglijk stellen dat de 6de mei een bedreiging van de grondrechten oplevert.

Niet alleen is het te vroeg voor een definitief oordeel. Ik dwaal ook af. Ik wil hier namelijk een andere stelling uitwerken. En dat is dat sinds enige tijd, veel geleidelijker, de democratische rechtsstaat wordt aangetast. Ik heb hiervoor drie aanwijzingen en die wil ik u voorleggen.

De eerste die ik wil noemen, is de neiging bij politici en burgers om een hiërarchie aan te brengen in de klassieke vrijheidsrechten. Vorig jaar, tijdens de begroting van Justitie voor het jaar 2002, stelde Boris Dittrich van D66 de spanning tussen het discriminatieverbod, de vrijheid van meningsuiting en de vrijheid van godsdienst ter discussie. Hij sprak van de druk die staat op de 'roze driehoek' van deze drie rechten.

U zult begrijpen wat de aanleiding was: de opmerkingen van imams en een aantal vooraanstaande moslims over homoseksualiteit. Dittrich wilde – begrijpelijk – uitdrukking geven aan gevoelens van gekwetstheid van vooral homoseksuelen. Hij stelde daarbij voor om deze drie rechten opnieuw te ijken, waarbij, daarover liet hij geen twijfel bestaan, het discriminatieverbod diende te prevaleren.

Pim Fortuyn deed een aantal maanden later het omgekeerde. Voor hem diende de vrijheid van meningsuiting zo zwaar te wegen dat dit indien nodig zelfs moest leiden tot het schrappen van het discriminatieverbod.

Grondrechten zijn niet ontworpen om een particulier belang of de belangen van een specifieke groep te bewaken. De grondrechten zijn ook niet ontworpen om ons tegen alle kwetsuur te beschermen. Grondrechten zijn, zoals Michael Ignatieff eens over de mensenrechten opmerkte, door ervaring samengestelde regels die als doel hebben het kwaad te bestrijden. Het kwaad heeft echter in een moderne en plurale samenleving vele gezichten. Het kent, afhankelijk van de politieke modes en tendensen, evenveel politieke definities.

Het aanbrengen van een hiërarchie draagt het grote gevaar

in zich dat grondrechten onderdeel worden van de politieke opportuniteit, van een tijdelijke, modieuze definitie van het kwaad. Het kwaad dat bestreden moet worden, is namelijk de ene keer de opkomst van rechts-extremistische partijen, de volgende keer een kwetsende imam, en de derde keer zijn het criminele Marokkanen. Bij Marokkanen bagatelliseren we het discriminatieverbod, totdat we een racist willen bestrijden en dan verabsoluteren we het.

Afhankelijk van hoe de wind waait, nemen de populariteit en het belang van een grondrecht toe of af. De recente en oude discussie over het discriminatieverbod versus de vrijheid van meningsuiting demonstreert de veranderende populariteit van specifieke grondrechten. Variaties in de populariteit van een grondrecht zijn op zichzelf geen groot probleem, zolang ze niet worden vastgelegd en geïnstitutionaliseerd. Op dat moment worden ze namelijk een instrument van de macht, van een zittende en dominante klasse tegenover anderen, en ontdaan van hun bovenpolitieke, op de ervaring en traditie rustende karakter. Het aanbrengen van een hiërarchie in grondrechten wordt binnenkort in de Kamer besproken.

Een tweede aanwijzing voor de bedreiging van grondrechten zie ik in wat filosofen met een chic woord het 'consequentialisme' noemen. Als ik het in lekentermen probeer uit te leggen, dan komt het erop neer dat grondrechten, rechtsbeginselen en politieke beginselen hun bestaansrecht gaan ontlenen aan het veronderstelde effect dat zij hebben in de praktijk. Een rechtsbeginsel is dan pas van waarde als het toegepast ook de veronderstelde politieke en maatschappelijke consequenties heeft.

Maar beginselen, grondrechten en mensenrechten zijn naar hun aard deontologisch. Dat wil zeggen – opnieuw in lekentermen – dat zij een norm stellen, ongeacht wat daarvan de consequenties zijn. Het plegen van abortus is een recht, ongeacht of het aantal abortussen toeneemt. Ne bis in idem (je mag niet twee keer voor een misdrijf worden bestraft) is een dragend rechtsbeginsel, ongeacht of het ertoe leidt dat mensen onterecht in vrijheid worden gesteld.

In het politieke debat over strafrecht worden rechtsbeginselen vaker getoetst op hun praktische consequenties. De gedachte dat ons strafrecht eerder functioneel moet zijn (bijdragend aan de vermindering van criminaliteit) dan rechtvaardig (leidend tot een rechtvaardige behandeling van verdachten), heeft tot gevolg dat allerlei strafrechtelijke beginselen op de tocht zijn komen te staan. Chemische castratie, gemeenschappelijke detentie voor bolletjesslikkers, preventief fouilleren, zogenaamd vrijwillige grootschalige DNA-onderzoeken onder de dreiging van een politieonderzoek: ze mogen dan wel spanning opleveren met strafrechtelijke beginselen, maar ze zijn wel verdomde handig.

Een ander voorbeeld van consequentialistische omgang met grondrechten is de discussie over het vluchtelingenverdrag. De harde kern daarvan wordt gevormd door het verbod op *refoulement*: het verbod om mensen terug te sturen naar een land waar zij vervolging hebben te vrezen. In toenemende mate wordt het vluchtelingenverdrag echter beoordeeld op de bijdrage die het kan leveren aan het beheersen van migratiestromen. Of beter, meer politici beschouwen het vluchtelingenverdrag niet langer als een rechtsstatelijk uitgangspunt voor hun handelen, maar als een obstakel om de grenzen te kunnen sluiten. En zij stellen het dan ook ter discussie. Niet omdat zij het refoulementverbod als onrechtvaardig of ongewenst beschouwen (ook de politici die het willen afschaffen zijn er een groot aanhanger van), maar omdat het maatschappelijke gevolgen heeft die zij niet wensen.

Grondrechten en mensenrechten dienen tot op grote hoogte onvervreemdbaar en niet-onderhandelbaar te zijn.

Vanzelfsprekend levert dit problemen op. Michael Ignatieff, die ik eerder aanhaalde, gebruikte het extreme voorbeeld van het verbod op marteling, als marteling ook zou kunnen leiden tot het redden van duizenden levens. De dilemma's die botsende grondrechten ons kunnen geven, kunnen gruwelijk zijn en het is bijna onmogelijk om alle grondrechten tegelijkertijd evenzeer na te leven.

Maar dat is iets anders dan grondrechten dienstbaar maken aan het naleven van een beleidsmatige doelstelling. Als Nawijn een loopje dreigt te gaan nemen met de grondrechten van een individuele Marokkaanse Nederlander, ten gunste van de oplossing van een – voor deze regering prioritair – maatschappelijk probleem, dan dreigen grondrechten arbitrair en willekeurig te worden. En dan verliezen ze hun kracht en op den duur hun bestaansrecht.

Tot slot een derde aanwijzing voor de bedreiging van grondrechten, en dat is wat ik zou willen noemen de neiging om grondrechten te beschouwen als een beloning voor goed gedrag.

Met de komst van grote groepen illegalen naar Nederland kennen we een nieuwe tweedeling, van mensen die burgerrechten hebben, die toegang hebben tot hun grondrechten, en mensen die dat niet hebben. Het illegalenprobleem is vrijwel onoplosbaar, zeker in het bestek van deze lezing, maar een opvallende discussie wil ik u hier niet onthouden. Dat mensen hier illegaal verblijven, wil namelijk niet zeggen dat de klassieke vrijheidsrechten én de sociale grondrechten hun zomaar onthouden mogen worden. Enige tijd geleden kondigde een belangenvereniging van illegalen aan om een vakbond op te willen richten. In de Tweede Kamer ontstond direct rumoer en woordvoerder Kamp van de vvd riep de toenmalige minister Vermeend op om dit te verhinderen. Dat de vrijheid van vereniging grondwettelijk is vastgelegd en ook in allerlei verdragen is vastgelegd, en niet verbonden is aan het al dan niet bezitten van een burgerschapsstatus, werd gemakshalve vergeten.

De zaak-Volkert van der G. levert ook een goed voorbeeld op van de toekenning van grondrechten als een beloning van goed gedrag. Regelmatig hoor je politici zeggen dat hij zijn grondwettelijke bescherming heeft verspeeld toen hij de moord pleegde.

In een debat, enige jaren geleden in de Kamer over de omgang met zedendelinquenten, stelde het CDA-Kamerlid Wim van de Camp dat wat hem betreft de Grondwet niet gold voor serieverkrachters.

In deze voorbeelden worden de grondrechten gebruikt als een toegangskaartje tot de maatschappelijke orde, dat enkel wordt afgegeven bij gebleken goed gedrag. Omgekeerd wordt het onthouden van grondrechten een straf, een middel om mensen die zich misdragen hebben, buiten de maatschappelijke orde te plaatsen. Opnieuw kan hier het voorstel van Nawijn als voorbeeld gelden. En opnieuw dreigen de grondrechten dan een instrument te worden in handen van degenen die de macht hebben: definitiemacht en politieke macht.

En hiermee kom ik ook aan de centrale boodschap van dit betoog. Als ik gelijk heb (en dat is natuurlijk nog maar te bezien), dan wijzen deze drie ontwikkelingen gezamenlijk in dezelfde richting: het aanbrengen van een hiërarchie in grondrechten, consequentialisme, en de beloning van goed gedrag.

Ik was ooit – in de vorige eeuw – een student aan deze faculteit. Weliswaar enigszins een illegale student – geen jurist, maar een sociale wetenschapper met een fascinatie voor de rechtsstaat en voor de maatschappelijke betekenis van criminaliteit. De lessen aan de rechtenfaculteit hebben mij uiteindelijk het meest gevormd. Rechtssociologie van Anthonie

Peters, strafrechtsdogmatiek van Constantijn Kelk, criminologie van Frank Bovenkerk en Chrisje Brants. Gedurende een paar jaar was ik kind aan huis op het Willem Pompe Instituut.

Van het Willem Pompe Instituut kan niet gezegd worden dat het één rechtstheorie aanhangt en uitdraagt. Daarvoor zijn de mensen die het instituut bevolken te eigenzinnig en te veel belust op wetenschappelijk debat. Maar toch was er in mijn tijd een overheersende opvatting die door iedereen werd gedeeld, en het zou me verbazen als dat niet meer zo is. En dat is de opvatting dat het recht, de grondrechten en de rechtsbeginselen bij elkaar een eigen domein van intellectualiteit en macht vormen. Het recht, de grondrechten en de rechtsbeginselen zijn niet enkel instrumenten in de handen van goed of kwaad bedoelende politici, maar zijn ook een tegenmacht tegen ambitieuze beleidsmakers die door middel van het recht de samenleving naar hun ideaalbeeld willen vormen, of bestuurders die hun macht en daadkracht willen vergroten. De laatste jaren is door de Utrechtse wetenschappers geregeld geschreven over de dreigende instrumentalisering – of misschien zou je nog beter kunnen stellen: de politisering – van de grondrechten. De grondrechten worden dan een van de vele beleidsinstrumenten waarover politici en bestuurders vrijelijk denken te kunnen beschikken. Het lijkt mij dat wij deze richting niet uit moeten gaan.

Burgerschap voor iedereen

Over de afgenomen betekenis van artikel 1
van de Grondwet

Ien Dales heb ik een aantal malen mogen ontmoeten, vooral toen zij minister was van Binnenlandse Zaken en ik wetenschappelijk medewerker van de Wiardi Beckman Stichting. Haar dwarsheid, non-conformisme en grote integriteit blijven voor mij bakens in het dagelijkse politieke werk. In deze van waarden en normen doordrenkte tijden kan Ien Dales ook niet genoeg in herinnering worden geroepen. Als weinig anderen was zij zich ervan bewust dat fatsoenlijk burgerschap lijnrecht is verbonden met een fatsoenlijke overheid.

Hoe kun je burgers in dit land bijvoorbeeld vragen zich aan de wet te houden, als de overheid zelf het slechte voorbeeld geeft? Geen enkele Balkenende-internetsite met leefregeltjes en etiquettevoorschriften kan het vernietigende oordeel van de Enquêtecommissie Bouwfraude (de commissie-Vos, zeg ik met gepaste trots) goedmaken, over de cultuur van 'smeren en fêteren' bij rijksambtenaren. Hoe kun je ook van de Nederlandse burger verwachten dat er wederzijds respect wordt opgebracht als elementaire fatsoensnormen in het politieke debat worden verwaarloosd? Zachtaardige, vriendelijke omgangsvormen worden tenietgedaan als een minister luidkeels roept dat hij iemand graag een 'gigantische rotschop' zou geven, of als het ene Kamerlid tegen het andere sist: 'Wegwezen jij!'

Ien Dales was geen lieverdje en van haar handtas kon een vervaarlijke dreiging uitgaan, maar zij wist dat overheidsintegriteit, bestuurlijke en politieke betrouwbaarheid het begin en het einde zijn van een fatsoenlijke samenleving. Bovenal is de naam van Ien Dales uiteindelijk verbonden met de totstandkoming en inwerkingtreding van de Wet Gelijke Behandeling, de institutionele uitwerking van artikel 1 van onze Grondwet.

Artikel 1, het gelijkheidsbeginsel en discriminatieverbod, staat op de tocht. Ik wijs twee tendensen aan die ik beschouw als een bedreiging van artikel 1.

Om te beginnen: het afgelopen jaar heeft zich van de politiek en van een deel van het publiek een 'alles moet gezegd kunnen worden'-mentaliteit meester gemaakt. Of het nu gaat om puntje-puntje-puntje-Marokkanen of de grove generalisaties van vooral allochtone groepen die bon ton zijn geworden in het politieke debat. De vrijheid van meningsuiting is een groot, bijna onaantastbaar goed. Daar ben ik ook trots op. Maar de paradoxale opdracht die aan ons allen is gesteld om de vrijheid van meningsuiting maximaal te kunnen laten floreren, is om ons enigszins te beperken in het gebruik ervan.

Helaas worden zorgvuldigheid in de beschrijving van groepen en mensen, precisie in de definitie van maatschappelijke problemen én het vermijden van onnodige stigmatisering steeds meer op één lijn gesteld met linkse 'politiek-correctheid'.

Het vrije woord wordt meer en meer synoniem met ongestoord mogen schelden: ik mag zeggen wat ik denk, en als je het er niet mee eens bent, dan rot je maar op. Of dan houd je je bek maar. Het discriminatieverbod wordt daarbij opgevat als een belemmering van de vrije meningsuiting. En dat is onterecht. Juist artikel 1 garandeert de vrije meningsuiting aan iedereen die zich in Nederland bevindt. Het vrije woord is én mag niet het eigendom zijn van 'de al lang niet meer zwijgende meerderheid', of degenen met 'de grootste bek'. Optimale vrije meningsuiting vereist de volledige erkenning en het hoogachten van artikel 1. En dat betekent: je matigen. Om naar goed liberaal gebruik te spreken: jouw vrijheid stopt waar die van een ander begint. En dat betekent ook dat je minderheden met afwijkende, soms vervelende meningen aan het woord hebt te laten.

Dan is er nog een bedreiging van artikel 1 die veel minder aandacht krijgt, en wat mij betreft onterecht. Dit is juist de betekenis van artikel 1 die past bij een klassieke sociaaldemocraat als Ien Dales, reden om er hier meer aandacht aan te besteden. Artikel 1 dicteert dat gelijke gevallen gelijk worden behandeld. Het artikel impliceert daarbij ook dat ongelijke gevallen ongelijk mogen en moeten worden behandeld. Anders gezegd: de overheid heeft de burgerlijke vrijheden te respecteren. Maar ook – en dat is van belang voor mijn betoog – vrijheid van burgers mogelijk te maken door oneigenlijke belemmeringen weg te nemen. Achterstelling door de overheid van burgers naar ras, geslacht, et cetera, is door de Grondwet verboden: bevoorrechting van achtergestelde burgers is echter een dure politieke plicht. Oneigenlijke achterstelling als gevolg van ongelijke inkomens, opleidingsniveau en kansen moet worden bestreden. Artikel 1 is, met andere woorden, ook de juridische neerslag van het adagium van Den Uyl: spreiding van inkomen, kennis en macht. Als gevolg van artikel 1 heeft de overheid de plicht oneigenlijke ongelijkheid tussen burgers te bestrijden door sociale en economische rechten toe te kennen en de solidariteit tussen burgers te organiseren.

Deze betekenis van artikel 1 van de Grondwet is in het nauw aan het komen. Ik heb daarvoor twee aanwijzingen, die ik hier voor u uiteen wil zetten. Maar eerst wil ik een aantal algemene opmerkingen maken over deze soms vergeten, tweede betekenis van artikel 1. De grondrechten zijn, naar de algemeen aanvaarde opvatting, rechten die fundamenteel zijn voor de menselijke waardigheid en voor de vestiging van een menswaardige samenleving. Juist omdat het fundamentele mensenrechten betreffen, zijn het ook dwingende rechtsnoeren voor de Nederlandse overheid. Daarbij maken we gewoonlijk onderscheid tussen de klassieke grondrechten, ook wel de vrijheidsrechten genoemd, en de sociale grondrechten. De klassieke grondrechten, zoals het vrije woord, de vrijheid van vergadering en drukpers, het recht op de persoonlijke levenssfeer én de integriteit van het menselijk lichaam, beperken de bevoegdheden van een overheid tegenover burgers. Deze grondrechten zeggen eigenlijk tegen de overheid: handen af, tot hier en niet verder.

De sociale grondrechten geven de overheid juist de verplichting om zich in te spannen als burgers door omstandigheden worden afgehouden van het gebruik van hun vrijheid. Ik breng u in herinnering, de sociale grondrechten zijn bijvoorbeeld: het bevorderen van werkgelegenheid (19), de zorg voor de bestaanszekerheid van de bevolking en de spreiding van welvaart (20), bevordering van de volksgezondheid (22) én de aanhoudende zorg voor het onderwijs. Artikel 1, in de betekenis van het bevorderen van gelijkheid en het verminderen van achterstelling, en de sociale grondrechten zijn rechtstreeks met elkaar verbonden. De sociale grondrechten zijn de uitwerking van artikel 1. Of, waar sociale grondrechten de juridische uitwerking zijn van de verzorgingsarrangementen, is artikel 1 het fundament van de verzorgingsstaat.

In zijn bijdrage 'Het rechtskarakter van de verzorgingsstaat' in de bundel *De stagnerende verzorgingsstaat* uit 1978 stelt de socioloog Kees Schuyt dat de arrangementen van de verzorgingsstaat hun basis vinden in de sociale grondrechten, en dus een rechtskarakter hebben. Het rechtskarakter van arrangementen betekent dat de gelijkwaardigheid van burgers en de gelijke behandeling van gelijke gevallen boven het politieke debat verheven zou moeten worden. Spreiding van welvaart, bevordering van de volksgezondheid, het garanderen van bestaanszekerheid behoren geen linkse thema's te zijn die ingezet worden tegenover rechts-conservatieven die terugverlangen naar een nachtwakerstaat, maar de aanhoudende zorg te zijn van elke politicus, elke bestuurder.

Meer en meer wordt dit fictie. De werkelijkheid is anders. De verzorgingsstaat komt onder druk te staan, en daarbij ook de tweede betekenis van artikel 1: het bewerkstelligen van gelijkwaardigheid en het creëren van gelijke kansen. Zoals ik eerder zei, heb ik hiervoor twee aanwijzingen. De eerste: burgerschap wordt een schaars goed.

Meer dan twintig jaar later constateert dezelfde Kees Schuyt in het WRR-rapport *De toekomst van de nationale rechtsstaat* dat het begrip 'burgerschap' een andere betekenis heeft gekregen. De emancipatie van maatschappelijke groepen (vrouwen, jongeren, migranten) heeft geleid tot individualisering, fragmentatie en verandering van de onderlinge verhoudingen tussen burgers. De verzorgingsstaat, de sociale grondrechten – en indirect dus ook artikel 1 – hebben dit mogelijk gemaakt. Een groeiende groep burgers kan zich economisch, moreel en politiek manifesteren. Burgerschap is van betekenis veranderd, de overheid heeft ook een andere verhouding tot burgers gekregen. Burgerschap is minder het leveren van een actieve bijdrage aan het algemeen belang geworden, én meer het opkomen voor het eigenbelang én het beïnvloeden van overheidsbeslissingen. Aldus Schuyt.

Hier doet zich opnieuw een paradox voor. De emancipatie van burgers die het resultaat is van de geslaagde uitvoering van sociale grondrechten in het verleden, heeft als effect dat de legitimatie van de overheid om verplichtingen aan burgers op te mogen leggen én vrijheden aan burgers toe te kennen minder vanzelfsprekend wordt geaccepteerd. Geslaagd sociaal, economisch én politiek burgerschap van een dominante meerderheid kan een belemmering voor de overheid zijn om te voldoen aan haar juridische verplichting om 'kennis, inkomen en macht te spreiden'. De emancipatie van een groot deel van de bevolking heeft niet alleen tot gevolg dat herverdeling van welvaart en welzijn lastiger wordt, maar ook dat er geleidelijk een politieke strijd is ontstaan over het bezit van het 'burgerschap' en de daaraan verbonden rechten.

De introductie van het staatsburgerschap in de negentiende eeuw had tot doel om alle burgers te beschermen tegenover een tirannieke overheid én hun tegelijkertijd de mogelijkheid te geven die overheid te sturen. Burgerschap werd gedefinieerd als een (bijna) onvervreemdbaar goed. Iedereen had sociale, economische en – later – politieke rechten die hij of zij – in de loop van deze eeuw in toenemende mate – kon laten gelden.

Aan het begin van de eenentwintigste eeuw dreigt burgerschap, en zeker staatsburgerschap, een beloning voor goed én gewenst gedrag te worden. Want welke burgers kunnen zich laten gelden? Welke burgers bespelen de politieke opinie? Welke burgers onderhandelen met de overheid over de uitvoering van de sociale grondrechten? Voor wie in Nederland heeft artikel 1 nog werkelijk materiële betekenis?

Zonder enige twijfel kunnen de Marokkaanse vrouwen uit de Amsterdamse Pijp die niet veel meer van Nederland zien dan de eerste twee rijen stoeptegels in de straat waar ze wonen, zich veel minder laten gelden. Hetzelfde geldt voor de Turkse mannen die het liefst hun partner uit Turkije laten overkomen. Ernstiger wordt het nog als in aanmerking wordt genomen dat illegalen zoals bijvoorbeeld uitgeprocedeerde asielzoekers steeds minder onder de werkingssfeer van de grondrechten vallen. Kinderen van illegalen kunnen moeilijker vrijelijk onderwijs genieten. Toegang tot de gezondheidszorg is voor illegalen beperkt tot die gevallen waarin acuut levensgevaar bestaat. Illegalen wordt het moeilijker gemaakt een dak boven het hoofd te krijgen. Daarbij werken illegalen onder omstandigheden die in strijd zijn met de arboregelgeving en tegen lonen die aan de negentiende eeuw doen denken.

Er dreigt, met andere woorden, in de toekenning van de sociale grondrechten een tweedeling te ontstaan tussen legaal en illegaal, tussen degenen die het staatsburgerschap officieel van de staat hebben gekregen en degenen die het niet bezitten. Een tweedeling tussen burgers en non-burgers. Dit miskent de betekenis van artikel 1. In artikel 1 wordt gesteld dat 'allen die zich in Nederland bevinden, in gelijke gevallen gelijk dienen te worden behandeld'. Daaruit volgt dat de verplichting van de overheid om inkomen, kennis en macht te spreiden en ongelijkheid te verminderen zich niet beperkt tot de staatsburgers, maar tot iedereen die zich in Nederland bevindt.

Ik realiseer me, en accepteer, dat de toekenning van het staatsburgerschap aan alle illegalen onhaalbaar, en zelfs onwenselijk is. Maar het bezit van artikel 1 van de Grondwet en de daaraan verbonden sociale grondrechten zou ook illegalen niet mogen worden afgenomen. Daarom verdient de FNV alle steun met haar initiatief een vakbond voor illegalen op te richten, waardoor controle op arbeidsomstandigheden, bescherming van onderwijs en gezondheidszorg mogelijk worden.

Bovendien heeft de overheid ervoor te zorgen dat een zo gelijk mogelijk gebruik van de sociale grondrechten wordt bevorderd. Emancipatie van een groot deel van de bevolking laat onverlet dat er nog altijd mensen in Nederland zijn – het is zelfs een groeiende groep – die weinig deel heeft aan de welvaart. Voor een groeiende groep mensen wordt de toegang tot de verzorgingsstaat, en daarmee tot de sociale grondrechten, bemoeilijkt.

En hiermee kom ik aan mijn tweede aanwijzing voor de verminderende betekenis van artikel 1. Daarover kan ik wat korter zijn. Ik vat deze samen onder de intrede van een 'eigen schuld, dikke bult-mentaliteit'. Zowel door Paars als door het vorige kabinet-Balkenende lijken de twee dragende gedachten van de verzorgingsstaat geleidelijk te zijn verlaten: de spreiding van kennis, inkomen en macht, én de organisatie van de solidariteit.

Onze brede verzorgingsstaat, zoals juridisch verankerd in artikel 1 en in de sociale grondrechten, bestaat bij de gratie van kleine inkomensverschillen en goede sociale voorzieningen die voor iedereen toegankelijk zijn. De afgelopen acht jaar zijn de inkomensverschillen aanzienlijk toegenomen. Waar mensen op het minimum jaarlijks 1 procent extra inkomen tegemoet konden zien, was dat voor de topinkomens 10 procent. Nivellering van inkomens heeft ook meer en meer een kwade reuk gekregen. Het was nota bene Wim Kok die nivellering een aantal jaren geleden voor het eerst 'jaloeziepolitiek' noemde. Hij nam daarmee afstand van nivellering als belangrijk – en aan Ien Dales zeer besteed – sociaaldemocratisch beginsel. Hij leek zich bovendien ook niet te realiseren dat er niet enkel overwegingen van sociale rechtvaardigheid zijn om de inkomensverschillen te verkleinen.

Nivellering is als ordeningsprincipe in een verzorgingsstaat onmisbaar. Alleen als de verschillende inkomensgroepen, via de belastingen, aan elkaar zijn gebonden, kan blijvende steun worden gevonden voor sociale voorzieningen waartoe iedereen toegang heeft. Door de zwaarste lasten vooral te leggen bij degenen met de sterkste schouders, blijven met name de mensen met de middeninkomens, die in aantal in de Nederlandse samenleving het grootst zijn, bereid om bij te dragen aan het op peil houden van de verzorgingsstaat. Hetzelfde geldt voor de solidariteit tussen generaties, die bepalend is voor het in stand houden van de AOW en het verminderen van de armoede onder ouderen.

Als die lotsverbondenheid minder vanzelfsprekend wordt, wordt het begrip voor, én het mededogen met mensen in moeilijke omstandigheden minder. Dit is precies wat we de afgelopen jaren hebben zien gebeuren. Uit recent onderzoek van het Sociaal en Cultureel Planbureau blijkt dat vooral mensen met middeninkomens minder bereid zijn bij te dragen aan de verzorgingsstaat. Armoede, een gebrek aan kansen, werkloosheid et cetera worden door een groeiende groep mensen beschouwd als 'eigen schuld, dikke bult'. Dit proces wordt versneld als de toegang tot de sociale voorzieningen wordt bemoeilijkt en de kwaliteit van publieke voorzieningen zoals onderwijs en kinderopvang beneden de maat is.

De twee aanwijzingen die ik heb genoemd, geven niet de teloorgang weer van de verzorgingsstaat – gelukkig niet. Ze wijzen wel een tendens aan waarin de overheid, door eigen handelen of door nalatigheid, geleidelijk de legitimatie ontvalt om burgers vrij te maken van achterstand, van ongelijke behandeling. Voortzetting van de tendens zal ook tot gevolg hebben dat de noodzaak van herverdeling van welvaart en welzijn slechter aan burgers is uit te leggen, omdat de gelijke toegang tot de arrangementen van de verzorgingsstaat ook voor hen niet meer vanzelfsprekend is.

Het afgelopen jaar heeft de Grondwet, en met name artikel 1, meer aandacht gekregen dan in de tien jaar daarvoor. Dat is goed. Wellicht had u van mij verwacht dat ik opnieuw uitgebreid de spanning tussen burgerlijke vrijheid en het discriminatieverbod tegen het licht zou houden. Zoals u begrijpt, ligt mijn grootste zorg elders.

In de politieke filosofie wordt vaak het verschil tussen negatieve en positieve vrijheid genoemd. Negatieve vrijheid omvatten de waarborgen die het recht, de Grondwet, moet kennen tegenover een te opdringerige overheid: het 'handen af'-principe. Met positieve vrijheid wordt verwezen naar de rechtsmiddelen die een overheid heeft en behoort te hebben om de sociale, economische, culturele en politieke onvrijheid van burgers te verminderen. Beide elementen, de positieve en de negatieve vrijheid, zijn verankerd in de zinsnede dat gelijke gevallen gelijk en ongelijke gevallen ongelijk door de overheid moeten worden behandeld.

De afgelopen jaren hebben we leren rekenen met een terugtredende overheid die de vrijheden van een kleinere, dikwijls welgestelde groep mensen angstvallig bewaakt, maar de bevrijding van achtergestelden en kanslozen te veel verwaarloost.

Met een overheid ook die zijn grondwettelijke verplichting onvoldoende naleeft om welvaart te spreiden, inkomensverschillen te verkleinen en het welzijn – ook van diegenen die weinig toegang hebben tot het politieke debat – te bewaken. Dat tij moet worden gekeerd. Ik weet niet zeker of Ien Dales dezelfde zorg zou hebben, maar ik denk wel dat ook zij zich sterk bewust was van de tweede, impliciete betekenis van artikel 1 van de Grondwet: de noodzaak om ongelijkheden te verminderen, om de vrijheid van allen te kunnen vergroten.

Uit liefde voor de Grondwet

Over de constitutionele toetsing

'De Grondwet is een verzekering van de rechten van de natie. Ze brengt stabiliteit en duurzaamheid in het staatsleven en zekerheid in het rechtsleven. Ze behoedt de minderheid en het individu tegen ogenblikkelijke willekeur der meerderheid.'

Aldus sprak koning Willem I in 1815. Het was dezelfde koning die aan de liberaal Thorbecke het verzoek deed om een nieuwe Grondwet te schrijven. Thorbecke was dezelfde mening toegedaan. Volgens hem diende de Grondwet het beginsel van leven en wasdom te zijn van de nationale staat. Thorbecke stond daarmee pal tegenover de antirevolutionaire voorman De Savornin Lohman, die vond dat van de Grondwet nooit levenswekkende kracht kon uitgaan. Hij zei: die gaat uit van het volk zelf en van de geest die in het volk woont.

Het is een oude discussie in onze democratische rechtsstaat. Constitueert het recht, en onze Grondwet in het bijzonder, een nationale staat, een publieke moraal en een gemeenschappelijke democratische cultuur, of is het recht, onze Grondwet, een instrument van de volkswil, beter gezegd: van de volksvertegenwoordiging en het politieke bestuur? Veel recenter wierp minister Donner dezelfde kwestie op, toen hij bij de behandeling van de Justitiebegroting 2002 het begrip 'bruikbare rechtsorde' introduceerde. Volgens minister Donner bieden recht en rechtsorde slechts een pover substituut voor een vitaal netwerk van krachtige maatschappelijke verbanden, van sociale cohesie en van instituties die normen en waarden voeden. Hier sprak, lijkt mij, een waarachtig kleinkind van de antirevolutionaire voorman De Savornin Lohman.

Vele jaren is onze Grondwet een rustig bezit geweest. De politicoloog Ido de Haan beschrijft in zijn prachtige boek *Het beginsel van leven en wasdom. De constitutie van de Nederlandse politiek in de negentiende eeuw* dat Nederland tussen 1848 en 1920 in het teken heeft gestaan van constitutionele politiek. Hij bedoelt daarmee te zeggen dat het niet zozeer ging om de faire uitvoering van de politieke regels, als wel om het vaststellen van de regels zelf. Voorbeelden die hij noemt, zijn het vastleggen van de staatssoevereiniteit, de scheiding tussen kerk en staat, het vrouwenkiesrecht en de vrijheid van onderwijs. In 1920 brak een lange periode aan van 'normale politiek'. Zoals De Haan het verwoordt: het was de politiek van de distributieve rechtvaardigheid; het gaat om het eerlijk delen van de koek, niet om de vraag of de politiek de verdeling van koek, zielenheil en zelfverwerkelijking dient te bevorderen.

Volgens De Haan zijn ook de jaren zestig en zeventig, ondanks onstuimige protesten en politieke twisten, geen breuk met die lange periode van normale politiek. Pas aan het eind van de vorige eeuw, zegt De Haan, in de paarse periode, versneld door de aanslag op de Twin Towers en de opkomst en dood van Pim Fortuyn, lijkt de periode van normale politiek haar houdbaarheidsdatum te naderen. Zoals De Haan het samenvat: een partijenstelsel dat niet langer de verdeeldheid in de samenleving articuleert, een parlement dat zijn centrale plaats in de natie begint te verliezen, een staat die vastdraait in zijn distributieve beleid. Hij concludeert dat er een nieuwe periode aanbreekt, waarin de staat en de samenleving zich moeten grondvesten.

Ik realiseer mij dat dit de plek, noch het tijdstip is om te discussiëren over alle politieke en maatschappelijke gevolgen van de grote schokgolven van de afgelopen jaren, maar ik denk wel dat de beschrijving van De Haan voor ons allen herkenbaar is, al is het maar in de dikwijls gebezigde tegenstelling tussen oude en nieuwe politiek. Dat wij in een nieuwe fase van de constitutionele politiek belanden, kun je ook aflezen aan de mate en de hevigheid waarmee de Grondwet zelf voorwerp van debat is geworden. Ik verwijs naar de uitspraken van Pim Fortuyn over artikel 1 en de hevige politieke reacties daarop. Ik wijs ook op de wens van velen om opnieuw de volgorde en de hiërarchie van de klassieke vrijheidsrechten te doordenken, in het bijzonder de vrijheid van meningsuiting, het discriminatieverbod en de vrijheid van godsdienst. Ik verwijs naar de conflicten die in het publieke en het politieke debat over precies diezelfde grondrechten woeden en naar de telkens oplaaiende discussie over de vrijheid van onderwijs. Of wat te denken van de telkens luider klinkende vraag naar de houdbaarheid van ons politieke stelsel van evenredige vertegenwoordiging en naar de wens van velen om de Grondwet zelf in onze pluriforme of, zo men wil, multiculturele samenleving een centrale plaats te laten innemen. Afshin Ellian heeft dit prachtig verwoord. Hij zegt: 'De Grondwet en het daaruit voortvloeiende burgerschap vormen naar mijn mening het maatschappelijk fundament of verdrag waardoor een publieke identiteit kan ontstaan.'

Tijdens het integratiedebat van vorige week was van de oude tegenstelling tussen antirevolutionairen en liberalen weinig meer te bespeuren. Van links tot rechts vond men elkaar in de stelling dat onze Grondwet met de daarin opgeslagen vrijheidsrechten, sociale rechten en ordeningsregels een dragend deel is van de moderne samenleving. En ook gisteren, tijdens de eerste termijn van de Kamer, is door alle woordvoerders het belang van de Grondwet voor onze moderne samenleving benadrukt.

Zonder te treden in de actualiteit van alle verschillende grondwettelijke bepalingen die her en der ter discussie staan, deel ik ook in de traditionele, al door Thorbecke verwoorde opvatting dat de Grondwet een dragend deel is van onze samenleving. En daarmee kom ik aan mijn eerste argument om constitutionele toetsing hier te bepleiten.

Op de vraag waarom je constitutionele toetsing zou moeten wensen, antwoordde Jit Peters, hoogleraar staatsrecht en mijn secondant bij deze prachtige initiatiefwet: uit liefde voor de Grondwet. Als wij allen de Grondwet voor de samenleving en haar burgers zo'n belangrijk richtsnoer vinden, dan laat zich naar mijn idee slecht verdedigen waarom de betekenis van de Grondwet voor burgers slechts een symbolische mag zijn. Waarom zouden burgers geen toegang mogen hebben tot hun klassieke grondrechten?

Verschillende geleerden hebben aangegeven dat de ontoegankelijkheid van onze Grondwet risicovol is. Thorbecke zei al over het toetsingsverbod dat 'voor deze nieuwe spreuk, ieder als voor een gesloten deur zal blijven staan' en 'de Grondwet zou ophouden Grondwet te zijn'. Anderen hebben het nog sterker geformuleerd. PvdA-senator en hoogleraar Willem Witteveen schreef in 1991: 'Het toetsingsverbod is niet zozeer zelf een anomalie (een abnormaliteit), het maakt de Grondwet tot een anomalie.' En hij werd gevolgd door de rechtsgeleerde Paul Cliteur, die zich in 1993 vanwege het toetsingsverbod afvroeg hoe lang het nog zou duren voordat de Grondwet definitief in de vergetelheid zou wegglijden. 'Zij ligt,' zei Paul Cliteur, 'aan het infuus, zieltogend.'

Nu zullen de tegenstanders van het toetsingsverbod direct zeggen dat, juist uit liefde voor de Grondwet, de bevoegdheid erover te oordelen is toegekend aan het hoogste orgaan van onze democratische rechtsstaat: de wetgevende macht. Vanzelfsprekend zal ik later uitgebreid stilstaan bij de positie van de wetgevende macht. Maar liefde voor de Grondwet is niet het enige argument. Verschillende sprekers hebben verwezen naar de commissie-Franken, die in 2000 het rapport *Grondrechten in het digitale tijdperk* heeft uitgebracht. De commissie beschrijft dat in onze moderne technologische cultuur onze inzichten over de reikwijdte van het recht, onze rechtsopvattingen, sneller wijzigen. Dan redeneert zij opvallend. Ze zegt namelijk: juist om de grondrechten in de informatiesamenleving een baken te kunnen laten zijn voor de wetgevende macht, is het van groot belang dat de grondrechten 'techniek-onafhankelijk' worden geformuleerd. En de commissie concludeert dan met de grootst mogelijke meerderheid, dat is min één stem – die van de huidige minister Donner – dat juist de rechter tot die uitleg in staat moet worden geacht.

De rechter die aan de Grondwet kan toetsen ondersteunt, met andere woorden, de kwaliteit van wetgeving. Dat is mijn tweede argument. Dit argument van de toetsende rechter, als dienstbaar aan de kwaliteit van wetgeving, heeft in dit debat nog geen grote rol gespeeld. Interessant in dit verband is overigens dat ook Pim Fortuyn in *De puinhopen van acht jaar Paars* het argument van de kwaliteit van wetgeving gebruikte om te pleiten voor een constitutioneel hof.

Dikwijls wordt gesuggereerd dat een keuze voor constitutionele toetsing kritiek inhoudt op de huidige kwaliteit van wetgeving. Ook naar mijn opvatting laat de kwaliteit van onze wetgevende arbeid nog wel eens te wensen over. Maar er is ook een positieve relatie tussen de kwaliteit van wetgeving en constitutionele toetsing, en dat is de individuele rechtsbescherming. Het is, meer dan al het andere, de verbetering van de rechtsbescherming van Nederlandse burgers die mij heeft gemotiveerd om het initiatief te nemen. Het is de wetgever, hoe goed hij zich ook van zijn taak kwijt, hoeveel rekenschap hij zich ook geeft van de grondwettelijke bepalingen, eenvoudigweg door de aard van zijn werk niet gegeven om alle toe-komstige individuele gevallen te voorzien. De wetgever verte-genwoordigt het collectieve belang. Hij kan niet uitsluiten dat de wetten die hij daartoe maakt in het individuele geval een tegengesteld en soms zelfs onrechtvaardig effect kunnen heb-ben. Voor de wetgever is naar mijn idee het uiteindelijke doel wel degelijk om het collectieve en het individuele belang zo goed mogelijk te verenigen in een superieure wet. In de be-scherming van het individu ligt voor mij dan ook in belang-rijke mate de aanvullende betekenis van rechterlijke toetsing. De noodzaak van aanvullende rechtsbescherming van bur-gers wordt bovendien groter naarmate de samenleving pluri-former wordt.

Het was wijlen vvd-Kamerlid Philippe Brood die dit derde argument beeldend heeft beschreven. Hij stelde dat de cultu-rele grondslag van ons land snel lijkt te veranderen. Hij zei: 'Tot voor kort kenden wij een betrekkelijk eenvormige cultu-rele grondslag. Het rechterlijk toetsingsrecht zou kunnen bij-dragen aan een vriendelijke ontmoeting tussen onze culturele basis, neergelegd in de grondrechten, en een nieuwe instroom van culturen. Een confrontatie zou dan kunnen worden om-gezet in absorptie.'

Philippe Brood schreef dit in 1993, en toen kon hij waar-schijnlijk niet vermoeden hoezeer de culturele conflicten in Nederland zich zouden verhevigen en verdiepen. Ik verwees al naar de botsing van grondrechten, die telkens manifester lijkt te worden. De rechtsfilosoof John Rawls geeft in zijn boek *Political Liberalism* aan dat juist in een conflictueuze sa-menleving constitutionele rechtspraak van groot belang is. Hij stelt onder andere dat politici nooit verplicht mogen of kunnen zijn om hun constitutionele argumenten te explicite-ren. Rechters zijn dat wel. Het vreedzaam forum van conflic-terende opvattingen dat een rechtszaal uiteindelijk is, garandeert daarom een vitaal en levendig publiek debat.

Het meest voor de hand liggende argument om in Nederland een constitutionele toetsing in te voeren, heb ik nog niet genoemd. Dat is dat Nederlandse rechters al sinds 1953 toetsen aan internationale verdragen. Bij alle complimenten die ik gisteren over het initiatiefwetsvoorstel heb mogen ontvangen, hoort een belangrijke relativering. De grootste verandering in het toetsingsrecht vindt niet nu plaats – als zij al plaats zal vinden – maar voltrok zich toen het parlement instemde met de mogelijkheid om Nederlandse wetgeving te toetsen aan internationale verdragen. Ik wil de tegenstanders van opheffing van het toetsingsverbod vragen waarom zij wel in kunnen stemmen met verdragstoetsing, aangezien dat de werkelijk principiële vraag is. Men moet het mij niet kwalijk nemen dat het mij vreemd voorkomt dat de tegenstanders van constitutionele toetsing het acceptabel vinden dat burgers wel kunnen controleren of onze wetten in overeenstemming zijn met het Europees Verdrag voor de Rechten van de Mens, maar niet mogen controleren of onze wetten in overeenstemming zijn met onze Grondwet. Het komt mij nog vreemder voor dat diezelfde tegenstanders het ten langen leste aanvaardbaar vinden dat een Turkse of een Letse rechter – willekeurige voorbeelden – een wettelijke bepaling in strijd met een verdrag kan verklaren, terwijl onze Hoge Raad en onze Raad van State die bevoegdheid niet hebben. Minister Donner heeft wel eens gezegd dat het goed kan zijn om uit de pas te lopen. Dat ben ik op zichzelf met hem eens, maar het is de vraag of het goed is in Europa zo ver uit de pas te lopen. In Europa zijn wij op dit moment het enige land dat constitutionele toetsing niet kent. In tegenstelling tot eerdere berichten: Finland heeft constitutionele toetsing, en alle nieuwe lidstaten ook. Er komt nog een ander argument bij. Dat is dat wij waarschijnlijk een Europees constitutioneel verdrag tegemoet kunnen zien. Het was voormalig CDA-fractievoorzitter De Hoop Scheffer die hierover in 2000 terecht opmerkte dat wij met het ontbreken van constitutionele toetsing in grote problemen terecht zouden kunnen komen.

(...)

Voordat ik aankom bij de verschillende onderdelen van het wetsvoorstel en de gestelde vragen en kritische kanttekeningen, wil ik nog stilstaan bij een zorg van verschillende woordvoerders: doet het wetsvoorstel ook nog wat? En vervolgens: doet het voorstel ook wat wij willen? Om met dat laatste te beginnen: verschillende woordvoerders hebben het woord 'opportunistisch' in de mond genomen. Steun aan bepaalde grondwetsartikelen of juist het onthouden van steun aan andere grondwetsartikelen zou door politieke, door opportunistische motieven zijn ingegeven. Ik realiseer mij dat ik daar zelf debet aan ben door bij publicatie van het wetsvoorstel het voorbeeld van de Wet Werk en Bijstand en de broodbonnen aan te halen. Daarin overheerste, en achteraf betreur ik dat, de politieke opportuniteit. Dit voorbeeld schijnt de VVD nu juist te hebben geïnspireerd om – misschien ook om politieke redenen – artikel 20, derde lid, het recht op bijstand uit te zonderen van constitutionele toetsing. Nu, wij zijn allen politici, en wij hebben allen de behoefte om onze standpunten in wetten terug te zien, terwijl wij allemaal andermans verkeerde standpunten graag ongedaan willen maken. Deze wet is, zeg ik met nadruk, geen oppositioneel instrument, zoals zij zich ook niet eenvoudig laat gebruiken door de zittende of komende macht. Het wetsvoorstel, zoals grondwetsbepalingen nu eenmaal doen, reikt verder dan de nu bestaande en denkbare politieke verhoudingen.

Laat ik het simpel zeggen: mocht GroenLinks ooit gaan regeren, dan kan dit wetsvoorstel onze drift tot maatschappijhervorming nog wel eens beteugelen, als dat betekent dat wij de grondrechten schenden. Daarom wil ik ook geen concrete voorbeelden uit het heden of het verleden presenteren waarin constitutionele toetsing een grote rol kan spelen. Wel wil ik met name de heer Eerdmans (lpf), die mij hierom vroeg, een denkbeeldig voorbeeld aanreiken. Stel, parlement en regering aanvaarden een wet die positieve discriminatie mogelijk maakt. Geen voorkeur bij gelijke geschiktheid, maar gewoonweg voorkeur voor vrouwen, ongeacht de geschiktheid. En, meneer Eerdmans, stelt u zich nu voor dat u, toen u nog ambtenaar was, solliciteerde naar een nieuwe betrekking en samen met mij bij de laatste twee eindigde. Ik word vervolgens aangenomen, terwijl u absoluut betere papieren en een overtuigender verhaal heeft. Ik denk dat er voor u geen groter onrecht denkbaar is dan onterecht gepasseerd te worden door mij. Zonder constitutionele toetsing hebt u geen poot om op te staan, want de wetgever heeft de 'Wet positieve discriminatie' aanvaard. Met constitutionele toetsing kunt u naar de rechter en de wet aanvechten. U kunt zich beroepen op artikel 1, het gelijkheidsbeginsel, en op artikel 3, alle Nederlanders zijn op gelijke voet in openbare dienst benoembaar. Of de rechter u ook gelijk zal geven, weet ik niet, maar een zaak hebt u wel.

Toen in 1953 toetsing van verdragen aan wetten mogelijk werd, was de verwachting dat dit niet tot veel processen en uiteindelijk arresten zou leiden. Dat aantal loopt inmiddels in de honderden. Blijkbaar is er voor burgers wel degelijk reden om de grondwettigheid en de verdragsrechtelijkheid van wetten aan de orde te stellen. De vraag van met name de heer Van der Ham (D66) was of de wet iets doet. Als je de verschillende, door allerlei woordvoerders gegeven voorbeelden langsloopt, blijkt dat ze veronderstellen dat constitutionele toetsing iets doet. Of het nu gaat om homoadoptie uit het buitenland, de dubbele herkeuring van allochtonen, de acceptatieplicht in het bijzonder onderwijs, de Kamer verwacht dat het wel eens zo zou kunnen zijn dat de burger in deze voorbeelden naar de rechter gaat.

Misschien zal er, zoals is gezegd, heel weinig aan de constitutie getoetst gaan worden, maar ik zei al dat wij dat ook na de komst van de verdragstoetsing dachten. Zelfs als er nooit getoetst wordt, moeten wij natuurlijk allereerst zeggen dat dat vooral mooi is, want dan blijkt dat onze wetten geen schending van de Grondwet opleveren, maar dan nog vind ik dat je constitutionele toetsing moet invoeren. Om met Paul Cliteur te spreken: het dreigende onheil kan zo ernstig zijn dat de onwaarschijnlijkheid dat het plaats zal vinden, niet relevant is. Ofwel: hoewel er in jaren niemand in de afgrond is gevallen, zet je toch een waarschuwingsbord neer.

(...)

Er zijn mij vragen gesteld over de verhouding tussen politiek en rechter. Mevrouw Smilde (CDA) verwoordde vrij kernachtig wat voor haar en volgens mij voor velen ten diepste de vraag is: prevaleert het primaat van de vertegenwoordigende democratie, of is rechtsvorming door de rechter als aanvulling noodzakelijk? Vertrouwt de kiezer aan de wetgever toe dat de wetten hem voldoende bescherming bieden, of wil hij als burger zijn gelijk halen bij de rechter die voor het leven is benoemd? Mevrouw Smilde vroeg ook: wie wint er, de rechter of de wetgever?

In dit wetsvoorstel ligt het primaat bij de wetgever. Daar wil ik geen enkel misverstand over laten bestaan. Dit wetsvoorstel is geschreven vanuit de verschillende rollen die wetgever en rechter in onze trias politica hebben, en laat deze verhouding intact. Dit wetsvoorstel gaat ook niet over vertrouwen, maar over onderscheiden verantwoordelijkheden. Het gaat evenmin over winnen of verliezen. Ik wens geen wedstrijd tussen politiek en rechter. Wel kan ik mij een dialoog voorstellen, maar dat is een dialoog waarin de wetgever het eerste en het laatste woord heeft. De wetgever toetst als eerste in abstracto wetten op hun grondwettigheid. De respectievelijke taken van de Raad van State als adviseur, de Tweede Kamer als politiek forum en medewetgever, en de Eerste Kamer als Kamer van reflectie blijven dezelfde. Na de totstandkoming van een wet kan een rechter in het individuele geval besluiten dat een deel van de wet buiten toepassing moet worden verklaard. Dan is het woord opnieuw aan de wetgever, die moet besluiten of hij de wet, of in het uiterste geval de grondwettelijke bepaling aanpast.

Dan is de vraag natuurlijk of de macht van de rechter ten opzichte van de wetgevende macht sterker wordt, en of wij dat – als tweede – dan zo wenselijk vinden.

Het Europees Verdrag voor de Rechten van de Mens kan ook nu door burgers aangeroepen worden: de Nederlandse en de internationale rechter hebben bij toetsing daarvan een positie ten opzichte van de wetgever. De verschuiving die plaatsvindt zit niet zozeer in de rollen van de twee grootheden, als wel in de uitbreiding van de rechtsbescherming van individuele burgers. Ik vind het van groot belang dat extra, meer cultureel getinte bepalingen van onze Grondwet ook toegankelijk worden voor burgers. Dan gaat het bijvoorbeeld om het censuurverbod van artikel 7 en de vrijheid van onderwijs, bepaald in artikel 23. Het censuurverbod vind ik bijvoorbeeld een zeer goede Nederlandse traditie, omdat dit betekent dat niemand van tevoren toestemming aan de overheid hoeft te vragen om zich te uiten.

Ik vind het van groot belang dat onze Grondwet in de geest van de burgers en in ons publieke debat een belangrijke rol speelt en niet verder devalueert ten gunste van allerlei internationale verdragen. Wie die verschuiving uiteindelijk het meest problematisch vindt, moet naar onze politieke voorgangers kijken. Die hadden dan in 1953 tegen verdragstoetsing moeten stemmen. Toen raakten rechters bevoegd om een wettelijke bepaling, een deel van de wet, buiten toepassing te verklaren. Deze rechterlijke bevoegdheden hebben naar mijn stellige overtuiging het primaat van de politiek niet geschaad.

(...)

Ik vind dat de Grondwet uiteindelijk niet boven de wet of de wetgever mag staan en wel degelijk voorwerp moet kunnen zijn van publiek debat en het debat van burgers. Door velen zijn twijfels geuit over de mate waarin en de zorgvuldigheid waarmee de wetgever aan de Grondwet toetst. Maar in de borst van de volksvertegenwoordiger huizen nu eenmaal twee zielen: die van ambachtelijke wetgever én die van behartiger van politieke belangen. Soms leveren die twee zielen strijd, en heel soms gaat dat ten koste van grondwettelijke bepalingen.

Daarnaast kan de wetgever in zijn streven om het collectieve belang te verdedigen niet altijd hebben voorzien dat de bedoelde wet een averechts effect heeft in een individueel geval. Het individuele belang wordt traditioneel in onze democratische rechtsstaat bewaakt door de rechter.

Door verschillende leden is de zorg geuit over de activistische rechter die de koers van de politiek zou willen verleggen. Activisme is eerder te voorzien als de wetgever veel open normen in de wet opneemt. Daarom bevat dit wetsvoorstel in zekere zin ook wel een opdracht aan de wetgever. Maar dan nog geldt dat in Nederland geldt dat de rechter terughoudend is. Laten wij wel wezen, in de wetenschap wordt dikwijls kritiek geuit op de bestuursrechter omdat deze juist te marginaal zou toetsen. Activistische rechters kennen wij natuurlijk vooral uit de Verenigde Staten. Het voor mij het meest tot de verbeelding sprekende voorbeeld is de segregatiewetgeving in de zuidelijke staten. Destijds werden zwarten bij wet bijvoorbeeld gedwongen om apart te zitten in de bus en naar aparte scholen te gaan. In 1954 en 1955 oordeelde het Supreme Court dat die wetten ongrondwettig waren. Het Supreme Court stelde daarmee een historische en politieke daad. Maar in de Verenigde Staten gold en geldt ook dat het laatste woord aan de wetgever is. Pas toen de gekozen politici de rechters gelijk gaven en besloten te handelen volgens de Civil Rights Act onder president Johnson, kwam er een einde aan de segregatie. Dit gebeurde jaren later. De segregatie werd niet beëindigd door rechters, maar door de politiek.

Maar ik kan uiteindelijk niet uitsluiten dat rechters een grotere vrijheid zullen nemen. Op basis van de Nederlandse rechtstradities en de Nederlandse rechtspraktijk veronderstel ik dat terughoudend zal worden getoetst. En ik denk ook dat de rechter zichzelf, naarmate een wet meer open normen bevat en de wetgever niet toekomt aan een grondwettelijk debat, meer vrijheid zal toe-eigenen. De terughoudendheid van de rechter zal worden bepaald door de mate waarin wij als wetgever rekenschap hebben gegeven van de grondwettigheid van onze wetten.

(...)

Voordat ik overga tot mijn slotopmerking, wil ik nog stilstaan bij een constatering van de heer Van der Staaij (SGP). Volgens hem vormt opheffing van het toetsingsverbod een rechtsstatelijke beteugeling van de democratie. Ik wil dat tegenspreken, aangezien er wat mij betreft geen tegenstelling bestaat tussen democratie en rechtsstaat. Democratie is veel meer dan eens per vier jaar mogen stemmen of de dictatuur van de meerderheid. Zij impliceert ook en juist vrijheid van meningsuiting, van vergadering, van pers en de bescherming van minderheden. Met dit wetsvoorstel wordt beoogd zowel de rechtsstaat als de democratie te versterken op een wijze die past in onze democratische rechtsstaat.

Tot slot. Thuis in mijn boekenkast heb ik een essaybundel staan van György Konrád, *Langzame opmerkingen in een snel-*

le tijd. Konrád meent dat juist in een tijd waarin veranderingen elkaar snel opvolgen, zoals het geval was in zijn Hongarije van net voor en net na de val van de Muur, traagheid in trage gedachten, trage opmerkingen en trage inzichten hun waarde hebben. De titel van dit boek heeft mij bij de voorbereiding van het wetsvoorstel vaak door mijn hoofd gespookt. Aan dit wetsvoorstel is een lange tijd van – dikwijls stroperig – debat, van stilte, van oplaaiende en weer dovende controverse voorafgegaan. En ik realiseer mij ten volle dat ik er nog lang niet ben. Mocht deze Kamer na haar tweede termijn instemmen, dan volgt de Eerste Kamer om daarna de route opnieuw af te leggen. Grondwetswijziging, en deze misschien in het bijzonder, verloopt traag. En toch ben ik ervan overtuigd dat dit wetsvoorstel in al zijn traagheid, in deze snelle en onrustige, politieke tijd, een belangrijke waarde vertegenwoordigt. En dat is de elementaire rechtsbescherming van burgers.

VRIJHEID EN EMANCIPATIE

Vrijzinnig links

Over vrijheid en emancipatie in plaats van dwang

Het afgelopen jaar is 'de leegte van links' een gevleugelde uitspraak geworden van met name rechts-conservatieve denkers
en politici. Enigszins smalend, zelden vergezeld van een in-
houdelijk argument, wordt links 'weggezet' als passé, als niet
in verbinding staand met de morrende bevolking, als soft en
wereldvreemd. Het zouden vooral de grote problemen zijn
van migratie, de multiculturele samenleving, veiligheid en opkomend islamitisch terrorisme waarbij links de leegte zou tonen.

Bij deze nogal doorzichtige rechtse retoriek, die vooral de
eigen politieke ambities dient, zou bijna vergeten worden dat
juist een PvdA-ideoloog, Jos de Beus, als eerste links 'onuit-
staanbare leegte' verweet (*de Volkskrant*, 18 juli 2003). Zonder
enige zelfreflectie beklaagt de auteur van het PvdA-verkie-
zingsprogramma van 1994 zich erover dat links vasthoudt aan
impopulaire en onvervulde idealen en zo zichzelf verdoemt
tot de marge van de politieke macht. Je zou het 'de ziekte van
de sociaaldemocratie' kunnen noemen: problemen in eigen
kring worden veralgemeniseerd en op de omgeving geprojec-
teerd. Linkse leegte is in werkelijkheid voornamelijk de richtingloosheid van de PvdA en haar ideologen (i.c. Jos de Beus).
Leegte, die deze keer vooral electoraal lijkt te zijn gemoti-

veerd. Wouter Bos laat welbewust onduidelijkheid bestaan over de plek van de PvdA in het politieke spectrum. Zelfs het recent gepubliceerde conceptbeginselprogramma illustreert de richtingloosheid. Volgens Bos is 'de meest radicale ambitie' uit dat programma om 'mensen een fatsoenlijk bestaan te bieden'. Weinig politici – links of rechts, progressief of conservatief – zullen de behoefte hebben hiertegen stelling te nemen. Onze Grondwet is radicaler en explicieter in haar sociale opdrachten.

Het verwijt vanuit rechts dat links leeg is, is overigens nogal opportunistisch. Het conservatieve liberalisme is nooit iets anders geweest dan een verzameling hapsnap opvattingen, variërend van 'geef de auto vrij baan' en vrijhandel tot criminaliteitsbestrijding. Afhankelijk van de nieuwste electorale mode zijn de opvattingen over de verhoudingen tussen markt, staat en burger altijd bijgesteld. Mede dankzij de inspanningen van Frits Bolkestein en de Edmund Burke Stichting, gevolgd door een nieuwe generatie vvd'ers (zoals Hirsi Ali en Wilders), lijkt zich nu voorzichtig een enigszins coherente conservatief liberale theorie te ontvouwen. Wel gaat dit met vallen en opstaan, getuige de pas verschenen integratienota van de vvd. Daarin wordt weliswaar met aplomb de klassiek liberale notie van een samenleving van vrije, mondige en zelfstandige burgers verdedigd, om drie pagina's verderop met even groot gemak te stellen dat allochtone ouders die niet goed zijn geïntegreerd geen weloverwogen schoolkeuze kunnen maken voor hun kinderen. Dat lijkt mij het 'verlichte' paternalisme ver voorbij.

Tegenover de ideologische bekering van rechts tot het conservatisme staat ook dat links pragmatischer is geworden. Het maakbaarheidsfetisjisme, het 'blauwdrukdenken' uit bijvoorbeeld de jaren zeventig, heeft terecht plaatsgemaakt voor een bescheidener opvatting van maatschappelijke verandering: de samenleving laat zich bijsturen door politieke beslissingen, maar niet kneden of vormen. GroenLinks is zich meer dan elke andere politieke partij gaan oefenen in begrotingsdiscipline, vanuit de overtuiging dat politici niet alleen plannen hebben te ontvouwen en maatregelen hebben af te kondigen, maar zich te allen tijde moeten kunnen verantwoorden over de rechtmatigheid en doelmatigheid van hun handelen.

Links en rechts lijken tegengestelde ontwikkelingen door te maken. Terwijl links een grotere nadruk legt op 'verantwoordelijke politiek', zingt rechts zich los uit 'de smalle marges'. Het rechtse maakbaarheidsgeloof neemt zo nu en dan zelfs de vorm aan van grootheidswaanzin, als plannen worden ontvouwd om de wereldwijde migratiestromen in te dammen door de grenzen te sluiten of de criminaliteit de wereld uit te helpen door zo hard mogelijk te straffen. Begrotingsdiscipline wordt soms heilig verklaard, maar als een rechts belastingparadijs veel geld kost, wordt het luchtig terzijde geschoven (bijvoorbeeld bij 20 miljard lastenverlichting onder twee paarse kabinetten).

Anders dan in het verleden worden linkse idealen al lang niet meer enkel getoetst op hun veronderstelde rechtvaardigheid, maar ook gecontroleerd op het effect in de praktijk van alledag. Als bijvoorbeeld de terechte wens van inkomenszekerheid voor werklozen en mensen met de laagste inkomens leidt tot 'gevangenschap' in de bijstand, dan verdient dat een politieke reactie. GroenLinks pleit daarom voor een 'basisinkomen' (via de invoering van een zogenaamde negatieve inkomstenbelasting) voor mensen die betaald werk doen: een linkse oplossing voor de armoedeval.

De conservatieve liberalen ontwikkelen zich in tegengestelde richting. Vaker lijken zij enkel geïnteresseerd te zijn in het stellen van een harde norm, ongeacht wat daarvan de maatschappelijke consequenties zijn. Zo stelde Van Aartsen recent dat elk streven om het toenemend islamitisch terrorisme te verklaren uit de spanningen in het Midden-Oosten, mensenrechtenschendingen en armoede een 'vergoelijking' was. Uit de terechte principiële afwijzing van terrorisme komt met andere woorden voort dat er geen oplossingen mogen worden gezocht voor de vermindering ervan. In het parlementaire integratiedebat bepleitte vvd-Kamerlid Hirsi Ali een verbod op etnische organisaties aangezien 'menging de norm is'. Hoewel het effect van deze norm achterstelling en discriminatie is, heeft dit geen invloed op haar principiële stellingname. Volgens vvd-Kamerlid Wilders mogen er geen compromissen worden gesloten over integratie, migratie en terrorisme. Dit leidt tot een onverzoenlijke houding, waarbij de maatschappelijke effecten worden gebagatelliseerd als ondergeschikt aan het heilige en abstracte 'gelijk'.

Het is opvallend dat de discussie over de 'linkse leegte' opkomt terwijl links en rechts zich aan het hergroeperen zijn en er voor het eerst in tien jaar weer sprake is van werkelijke polarisatie – zij het dat in politieke zelfoverschatting links en rechts hun posities hebben verruild. Op één punt snijdt het verwijt van de linkse leegte wel hout. Nu het kabinet-Balkenende ii het als zijn belangrijkste taak beschouwt om de collectieve en sociale voorzieningen te ontmantelen, moet links ervoor waken als pavlovreactie alle bestaande instituties van de verzorgingsstaat te verdedigen. De legitieme politieke wens om ook in tijden van economische tegenspoed de sterkste schouders de zwaarste lasten te laten dragen en de solidariteit te blijven organiseren, is niet in verhouding met de huidige institutionele vormgeving van de wao, de bijstandswet, het zorgstelsel, de ruimtelijke ordening, et cetera.

GroenLinks erkent dat veel sociale regelingen een fuik zijn

geworden voor veel (tijdelijke) werklozen. Weliswaar wordt er enige financiële zekerheid geboden, maar de kansen op nieuw werk zijn klein, zeker naarmate de afhankelijkheid van de staat langer duurt. Gedeeltelijk arbeidsongeschikten zijn de afgelopen jaren gevangen geraakt in bureaucratische regelingen die het zoeken naar werk en de deelname aan de samenleving eerder ontmoedigen dan stimuleren. Alleenstaande ouders in de bijstand worden afkerig gemaakt van het zoeken van werk omdat dit meestal gepaard gaat met verlies van inkomen en zekerheid. Niet alleen wordt de individuele verantwoordelijkheid van mensen om lotsverbetering na te streven in veel sociale regelingen onvoldoende erkend, mensen worden ook te afhankelijk gemaakt van de anonieme overheidsbureaucratie.

Tegenover de gewenste bezinning door linkse partijen om de organisatie van de solidariteit anders vorm te geven, staat wel een onbeantwoord verwijt aan de regerende rechtse partijen. Herziening van de verzorgingsstaat en meer individuele verantwoordelijkheid voor de mensen die ervan gebruikmaken, bestaan bij de gratie van (nieuwe) werkgelegenheid. Elke oproep aan mensen in de bijstand of de WAO om actief naar werk te zoeken is goedkoop als arbeidsmarktbeleid ontbreekt. Als het kabinet de mogelijkheid tot 're-integratie' van arbeidsongeschikten verkleint en op de melkertbanen bezuinigt, wordt het verminderen van de inkomenszekerheid van mensen aan de onderkant van de samenleving ronduit onverantwoord.

Terwijl op de traditionele links-rechts-as de posities juist helder en polair zijn, tekent zich toenemende verwarring af over de tegenstelling conservatief versus progressief. Het is de ambigue opbrengst van de Fortuyn-revolte. Pim Fortuyn slaagde erin om traditioneel linkse noties over sterke publieke voorzieningen als onderwijs en zorg te combineren met conservatieve opvattingen over orde en gezag, over het tegenhouden van migratie en de assimilatie van migranten in de dominante samenleving. De wens om de naar gezag verlangende kiezers te behagen leidt tot een wedloop 'hard, harder, hardst'. Inmiddels heeft de vvd zich, bij monde van Van Aartsen, openlijk tot de hoeder ervan bekend (zonder zich daarbij enige rekenschap te geven van Fortuyns wens om ook de publieke voorzieningen te willen versterken).

Behalve bij de vvd trekt het fortuyniaanse conservatisme ook sporen in het zand bij PvdA en sp. De PvdA lijkt progressieve vrijheden op te offeren aan kiezersgunst, onder andere op het terrein van de criminaliteitsbestrijding. Enige tijd geleden pleitte bijvoorbeeld PvdA-Kamerlid Wolfsen ervoor om heroïneprostitutie strafbaar te stellen als 'seks met bewustelozen'. Een eeuw emancipatiestrijd om prostituees juist gelijkwaardige rechtsposities en maatschappelijke posities te geven delft hiermee het onderspit. Volgens PvdA-deelraadbestuurder Schrijer moeten kansarmen uit Rotterdam kunnen worden geweerd. En de PvdA heeft, met uitzondering van Adri Duivesteijn, het ideaal van de multiculturele samenleving begraven. Ook is recent de algemene toegankelijkheid van het hoger onderwijs (waarin het progressieve verheffingsideaal gestalte kreeg), met dank aan de PvdA, verruild voor een systeem van selectie.

Intussen wedijvert de sp met de vvd in assimilatiepolitiek en is volgens sp-Kamerlid Kant de integratie mislukt en resteert slechts beperking van vrijheid bij de plaatsing van kinderen op scholen (door centrale inschrijving) en van mensen in achterstandswijken (door woningtoewijzing) om het tij te keren.

Nu PvdA en SP minder terugdeinzen voor conservatieve culturele opvattingen, dreigt progressieve politiek te verwezen. Eerder heb ik gesteld dat het voor een progressieve partij onvoldoende is om slechts het linkse, sociaaleconomische gedachtegoed te verdedigen (*de Volkskrant*, 27 december 2003). Juist nu klassieke burgerlijke vrijheden worden geofferd aan de dreiging van moslimterreur, het ideaal van culturele ontplooiing dreigt te bezwijken onder integratieproblemen en de vrijheid om anders te zijn bijna synoniem wordt met openbare-orderisico's, is het voor GroenLinks van groot belang om zijn progressieve traditie te benadrukken.

In het *GroenLinks Magazine* van februari 2004 heb ik GroenLinks de laatste 'links-liberale partij' genoemd. Daarmee nam ik de handschoen op die de publicist Dick Pels heeft geworpen met zijn oproep het liberalisme van rechts te redden (zie zijn 'Progressief manifest' in *Trouw*, 10 januari 2004). Ik beoog hiermee geen koerswijziging te forceren, laat staan afstand te nemen van de waarde die ik hecht aan gemeenschapszin. Wel zoek ik, nadrukkelijker dan de afgelopen jaren is gebeurd, aansluiting bij het GroenLinks-gedachtegoed van vrijzinnigheid, anarchisme en emancipatie. De veranderde omstandigheden, zoals de komst van het conservatieve kabinet-Balkenende en de toenemende maatschappelijke en culturele intolerantie als gevolg van de aanslagen van 11 september, maken dit noodzakelijk.

Inmiddels kan ik vaststellen dat de term 'liberalisme' verwarring schept. De jaren van paars neoliberalisme hebben de publieke opvatting van liberalisme uitgehold. Liberalisme is synoniem geworden met marktdenken, vrijblijvendheid en afscheid van de publieke sector. Deze beperkte vorm van liberalisme wordt door mij juist niet nagestreefd. De vooral onder Paars populaire gedachte dat de markt ongestoord zijn werk moet kunnen doen, is voor mij onaanvaardbaar. De markt produceert uitsluitingmechanismen, verergert de ongelijke verdeling van welvaart en welzijn, ondermijnt gemeenschapszin en verdient correctie. Wél gaat het mij om liberalisme in de vorm van vrijzinnigheid: grote nadruk op het vrije woord en de vrijheid 'anders' te zijn, ondogmatisch, met een gezonde achterdocht jegens culturele dwang, en een tikje anarchistisch ten opzichte van de uitdijende overheidsbureaucratie.

Anders dan VVD'ers dikwijls suggereren, verdraagt overheidsingrijpen op de markt zich uitstekend met het streven de samenleving en de mensen die er deel van uitmaken vrijer te maken. In zijn oratie *Two Concepts of Liberty* (1958) illustreert de Britse filosoof Isaiah Berlin dit aan de hand van het negatieve en het positieve vrijheidsbeginsel. In Berlins opvatting is negatieve vrijheid het recht van burgers om gevrijwaard te zijn van dwang en onderdrukking door de overheid. Dit vrijheidsbeginsel is diep geworteld in onze samenleving en verankerd in de klassieke grondrechten: de vrijheid van meningsuiting, van vergadering, van religie, het recht op de persoonlijke levenssfeer, de onaantastbaarheid van het lichaam, enzovoort. Alleen als er dwingende redenen zijn van algemeen belang (de veiligheid van de staat) of als door bijvoorbeeld onderdrukking, discriminatie of geweld andermans vrijheid in het gedrang komt, mag er door de overheid (proportioneel) worden ingegrepen.

Naast het negatieve vrijheidsbeginsel staat het positieve vrijheidsbeginsel. Dit houdt in dat de overheid vrijheid van zijn onderdanen ook mogelijk maakt. Aangezien in de moderne kapitalistische samenleving vrijheid door sociaaleconomische positie, onderwijs en maatschappelijke kansen wordt bepaald, moet 'bevrijding' van individuen uit achterstand en achterstelling worden nagestreefd. Ook dit vrijheidsbeginsel is verankerd in onze Grondwet, in de sociale grondrechten. Deze dwingen de overheid zich 'in te spannen' voor bijvoorbeeld de spreiding van welvaart, het creëren van werkgelegenheid en onderwijs en voor verbetering van welzijn en het leefmilieu. Dat hoeft overigens niet per se via collectieve instituties. Bijvoorbeeld het 'recht op kinderopvang', waarvoor GroenLinks pleit om de keuzevrijheid van vrouwen te vergroten, hoeft niet gepaard te gaan met uitsluitend 'staatscrèches'. Anders dan PvdA en SP wil GroenLinks aan ouders 'persoonsgebonden budgetten' toekennen waarmee zij zelf in staat worden gesteld opvang voor hun kinderen in te kopen.

Wat mij betreft is het positieve vrijheidsbeginsel vooral van toepassing op de sociaaleconomische verhoudingen en op de bescherming van kwetsbare waarden zoals natuur en milieu. Het negatieve vrijheidsbeginsel gaat vooral over de culturele en politieke verhoudingen. Vrijzinnigheid betekent dat de overheid 'de handen af' heeft te houden van de persoonlijke relaties van mensen, hun seksualiteit, religie, hun kledingstijlen en culturele liefhebberijen. Datzelfde geldt voor de gemeenschapsverbanden die mensen stichten en de organisaties waarvan zij deel willen uitmaken. Alleen als organisaties zich buiten de rechtsstaat begeven (door zich bijvoorbeeld in te laten met terrorisme), kan de overheid een verbod uitvaardigen. Allochtone zelforganisaties dienen bijvoorbeeld door de overheid te worden gerespecteerd, maar enkel die zelforganisaties die zich richten op de maatschappelijke emancipatie van hun leden dienen voor subsidie in aanmerking te komen.

Met mijn opvatting over positieve en negatieve vrijheid sta ik diametraal tegenover het aan invloed winnende conservatisme en de wijze waarop het begrip 'eigen verantwoordelijkheid' wordt ingevuld. Conservatieven passen het 'handen af'-principe eenzijdig toe op de sociaaleconomische verhoudingen. Daarmee maken zij vrijheid tot een schaars goed. Omgekeerd sturen zij toenemend in de culturele verhoudingen en in de persoonlijke levensstijlen van mensen. Zij treden daarmee het negatieve vrijheidsbeginsel met voeten. Recente voorbeelden zijn er legio: het beperken van de vrije partnerkeuze, het aan banden leggen van de vrijheid van onderwijs, het dwepen met een hoofddoekjesverbod, het beperken van de religieuze vrijheden. Het nieuwe maakbaarheidsgeloof van de conservatieve liberalen richt zich vooral op het corrigeren van levensstijlen, culturele gebruiken en privéwaarden, terwijl de sociaaleconomische ongelijkheid in stand wordt gelaten.

De politieke keuze om de 'uitingsvrijheden' te beperken, lijkt gebaseerd op de gedachte dat ongewenste maatschappelijke ontwikkelingen de optelsom zijn van verkeerde privégedragingen. De samenhang tussen bijvoorbeeld onderdrukking van (sommige) moslimvrouwen en hun sociaal-maatschappelijke positie wordt ontkend. De redenering luidt dat 'culturele achterlijkheid' achterstand veroorzaakt, en maatregelen richten zich op de uitingsvrijheid door bijvoorbeeld hoofddoekjes te willen verbieden (en niet op vermindering van de uitsluitingmechanismen in samenleving en economie). Door middel van verboden en geboden moeten deze vrouwen en hun mannen tot ander gedrag worden gedwongen.

Inderdaad kunnen culturele gewoonten tot achterstand leiden, doordat bijvoorbeeld seksistische opvattingen vrouwen belemmeren hun stem te verheffen en zich te ontplooien. Maar consequente toepassing van het negatieve en positieve vrijheidsbeginsel dwingt de overheid, volgens mij, om bevrijding te stimuleren door (sociaaleconomische en onder-

wijs)achterstanden te verminderen, in plaats van de uitingsvrijheid te beperken.

In reactie op het opkomende conservatisme acht ik het van
groot belang dat linkse en progressieve politici ruimte schep-
pen voor positieve én negatieve vrijheid. GroenLinks geeft
dat vorm in een vrijzinnige, progressieve politieke agenda,
waarin het streven naar gelijkwaardigheid, vrijheid, emancipatie en duurzaamheid wordt geplaatst tegenover de conservatieve ideologie van gezag en disciplinering. Daarbij hoort
het besef dat aan de economische crisis waarin Nederland nu
verkeert, een politieke crisis voorafging. De agenda sluit aan
op de grote problemen waarmee Nederland kampt: de economische stagnatie, het verslechterende milieu, het afnemende sociale én politieke vertrouwen onder de bevolking en de
vastlopende emancipatie van migranten.

1 Vrijheid mogelijk maken

In de kern gaat positieve vrijheid over materiële en immate-
riële herverdeling, waar ongeremde mondiale marktwerking
altijd leidt tot tweedeling en uitsluiting. Vooral de verhouding tussen staat en markt moet voorwerp van politieke in-
terventie zijn. De staat moet beschermen wat kwetsbaar is,
door grenzen te stellen en door herverdeling tussen arm en
rijk, economie en ecologie, Noord en Zuid te bespoedigen.
Binnen de vastgestelde grenzen dient de markt vrij te zijn, en
zelfs weer door de staat te worden beschermd tegen particu-
liere kartelvorming en ongewenste private monopolies.

Emancipatie
Misbruik van voorzieningen moet worden tegengegaan, maar
het is een kostbaar misverstand dat goedwillende burgers zich

gestimuleerd voelen door de zweep. Door sociale regelingen hard te saneren krijg je mensen niet aan het werk, houd je jongeren niet bij de les en maak je van migranten geen volwaardige staatsburgers. Je oogst wat je zaait: wrok, sociaal wantrouwen en onverschilligheid. Door spreiding van inkomen en ruime toegankelijkheid van publieke voorzieningen als onderwijs en zorg reik je mensen de hand om zich te emanciperen. Je versterkt de sociale verhoudingen door de verzorgingsstaat te hervormen zodat die mensen activeert, en door verlofregelingen te introduceren die mensen in staat stellen arbeid, zorg en vrije tijd te combineren. De overheid mag van mensen verantwoordelijk en sociaal gedrag verlangen, bijvoorbeeld door een inburgerings- of sollicitatieplicht. Maar zij kan dat enkel geloofwaardig doen als zij diezelfde mensen ook mogelijkheden tot ontplooiing biedt. Migranten mogen worden verplicht om in te burgeren, maar hun moet tegelijkertijd realistisch uitzicht op werk, op onderwijs en op actieve deelname aan de politieke besluitvorming worden geboden.

Omdat betaald werk onmisbaar is voor werkelijke emancipatie, dient de overheid – juist in tijden van economische neergang – actieve werkgelegenheidspolitiek te voeren door (laagbetaald) werk fiscaal te stimuleren en zo nodig te subsidiëren. De vergrijzing zal op termijn veel arbeidsintensieve zorg vragen. De kosten van vergrijzing en de zorg zelf kunnen de noodzaak van arbeidsmigratie vergroten. Het is geen oplossing om de stijgende zorgkosten te verschuiven naar burgers (door pakketverkleining en hoge eigen bijdragen). Veel beter is het om de kosten door alle generaties te laten dragen, door de combinatie van een fatsoenlijke belastingheffing op vermogen, een AOW-premieplicht voor 65-plussers en een volksverzekering zorg.

Een duurzame kenniseconomie én groene ruimte

Voor conservatieven is de economie de maat. Progressieve politiek betekent het behartigen van kwetsbare waarden, vanuit de wetenschap dat vrijheid ook wordt bepaald en belemmerd door de kwaliteit van natuur en milieu en door de ruimte om (voor elkaar) te zorgen en van vrije tijd te genieten. Er is geen onzichtbare hand die daarvoor zorgt. Dat betekent dat de overheid zich inspant voor een gezonde en duurzame relatie tussen economie en milieu en een ontspannen samenleving.

Ingrijpende herziening van de belastingen helpt daarbij. Door arbeid goedkoper te maken, en vervuiling duurder, sla je twee vliegen in één klap. Je remt de afbraak van het milieu en tegelijkertijd bevorder je de arbeidsdeelname. Hiervoor is het noodzakelijk dat het concept van Nederland Distributieland wordt verlaten en er niet alleen aan de top, maar ook aan de basis daadwerkelijk inhoud wordt gegeven aan Nederland Kennisland. Wie meer ruimte wil bevechten voor natuur, openbaar vervoer, biologische landbouw en dierenwelzijn, kan niet zonder bemoeienis van de rijksoverheid.

Internationale solidariteit

Terwijl het buitenland indringender onze huiskamers binnenkomt, wordt Nederland kleiner. Opkomend islamitisch fundamentalisme, scherpere Noord-Zuidtegenstellingen, globalisering en internationale migratie krijgen voornamelijk aandacht als de binnenlandse veiligheid op de tocht staat. Juist het besef dat in een moderne samenleving onze vrijheid onverbrekelijk is verbonden met de vrijheid van mensen ver weg, stelt de eis dat onze idealen geschikt moeten zijn voor binnenlands én buitenlands gebruik.

Een progressieve agenda is per definitie internationaal. In het migratiebeleid moeten internationale verdragen voluit worden gerespecteerd. Bij asielverzoeken en bij gezinsvorming mogen geen oneigenlijke toelatingseisen worden gesteld – wel inburgeringeisen. Uitbreiding van arbeidsmigratie ligt in het verschiet als conjunctuur en arbeidsmarkt daar ruimte voor bieden en er EU-beleid tot stand komt.

Ook in andere landen moeten mensen hun overheid kunnen aanspreken op een gebrek aan kansen en op gezette tijden kunnen zeggen: handen af van onze mensenrechten. Ontwikkelingssamenwerking kan dan niet, zoals nu, de sluitpost zijn van de nationale begroting waarbij pas over de dijk wordt gekeken als Bush erom vraagt. Internationale solidariteit betekent ook sterke en democratische internationale instituties, zoals een sterk, civiel en sociaal Europa dat een zelfbewuste identiteit ontwikkelt. Wie dat niet wil, laat het wereldtoneel aan de Amerikanen en biedt hun geen tegenspel en is geen serieuze partner.

Terrorisme is grensoverschrijdend en verdient internationale oplossingen. Natuurlijk kun je de wapens niet altijd thuislaten, maar door alleen wapengekletter en repressie drijven we de Arabische wereld en de gematigde moslims in ons eigen land verder weg van de omarming van onze vrijheidsidealen. Dialoog, het doorbreken van de impasse in het Midden-Oostenconflict door Israël tot de orde te roepen, Palestijnse zelfmoordaanslagen hard te veroordelen én de Palestijnse Autoriteit als serieuze partner aan de onderhandelingstafel toe te laten, zijn broodnodig, net als opsporing en vervolging van terroristen.

2 Vrijheid beschermen

Bescherming van de negatieve vrijheden van burgers raakt rechtstreeks aan hun verhouding tot de staat. Aan politiek en bestuur komt de paradoxale taak toe met regels en wetten de bevoegdheden van de staat ten opzichte van haar burgers te beperken en te legitimeren. De noodzaak dat het handelen van de staat en zijn organen moet worden beperkt door grondwettelijke en rechtsstatelijke beginselen, raakt onder conservatieve invloed uit zicht. Juist nu er een roep klinkt om de persoonlijke levenssfeer aan te tasten om criminaliteit tegen te gaan en de dreiging van het wereldwijde terrorisme te verminderen, dienen progressieve politici in de bres te springen voor de vrijheid van burgers. De maatschappelijke problemen die moeten worden bestreden zijn groot, ze vormen naar hun aard ook een bedreiging voor de burgerlijke vrijheden. Islamitische terreur en de verspreiding van angst zijn in potentie de grootste aantasting van onze dagelijkse bewegings- en uitingsvrijheid. Inperking van deze vrijheid door de staat is echter het paard achter de wagen spannen.

Vrijzinnig burgerschap
Vrijzinnig burgerschap is geen onderwerping aan de staat of aan derden, maar is gelijkwaardige en vrije deelname aan de samenleving. Dat houdt vanzelfsprekend de plicht in – voor allochtonen en autochtonen – om zich te emanciperen en anderen daarbij niet te schaden, maar daarbij hoeven ze niet het recht in te leveren om af te wijken en 'anders' te zijn.

Vrijzinnige burgers participeren volwaardig in de samenleving. Idealiter zijn zij goed opgeleid, mondig en zelfstandig. Ze maken autonome keuzes voor de inrichting van hun eigen leven: relatie, seksualiteit, religie, politiek, woonplaats, werk, opleiding, kleding, etc. Vrijzinnige burgers nemen hun maatschappelijke verantwoordelijkheid, kennen en respecteren gangbare waarden en normen, en zijn actief in zelfgekozen sociale verbanden. Daarbij hoort ook het recht gevrijwaard te worden van oneigenlijke staatsdwang. Geen paternalisme, geen assimilatie, geen verbod op thuis blowen (zoals Van

Haersma Buma van het CDA wil) en geen verbod op het thuis spreken van vreemde talen (zoals de VVD wil). Burgers hoeven niet te worden bestookt met normen-en-waardensites, noch hoeven zij een gekunstelde nationale identiteit te krijgen opgedrongen. Het spreekt voor zichzelf dat conservatieve pogingen om de staatsdwang te vergroten bij ethische keuzes niet op vrijzinnige steun moeten rekenen. Burgers die handelen volgens de wet, moeten baas in eigen buik blijven en ook – bij ondraaglijk lijden – baas over hun eigen dood.

Politiek

Deze regering doet het meest aan de crisis waarop ze geringe invloed heeft (de economische), terwijl ze amper wat doet aan de crisis waarvoor zij het meest verantwoordelijk is (de politieke). Uiteraard is het belangrijkste antwoord op de politieke crisis scherper aan te geven wat je politieke opvattingen zijn. Maar het is niet minder belangrijk om het gestagneerde democratiseringsproject door te zetten. Dat doe je door op te komen voor de vrijheid van meningsuiting (bij rechts én bij links), maatschappelijke organisaties inspraak te geven, schaduwmachten aan de kaak te stellen, een tweede stem op de regeringscoalitie te bepleiten, professionals in handhaving en uitvoering van beleid meer ruimte te geven en bureaucratie te bestrijden.

Vrijzinnige burgers moeten actief worden uitgenodigd om de macht te controleren. Daarbij past het de overheid niet om met een districtenstelsel de keuzevrijheid te beperken en voor kiezers te bepalen dat zij het belangrijk moeten vinden waar hun volksvertegenwoordiger woont. Het past wel om de gekozen vertegenwoordigers op alle plaatsen te versterken: niet alleen landelijk en gemeentelijk, maar ook binnen bedrijven, scholen en ziekenhuizen. Met referenda en burgerinitiatieven worden de zeggenschap en participatie van burgers ook buiten deze instituties versterkt. Aan migranten moet stemrecht worden verleend. Politieke participatie is niet de kroon op een geslaagd integratieproces, maar juist een voorwaarde ervoor. Sterke maatschappelijke en economische verhoudingen zijn gebaseerd op machtsevenwichten. GroenLinks heeft initiatiefwetgeving ontwikkeld om ondernemingsraden zeggenschap te geven over de benoeming van commissarissen en inkomens aan de top, maar ook om klokkenluiders van fraude te beschermen en eventueel te belonen.

Veiligheid

Repressie is geen panacee voor criminaliteitsproblemen. Gewijzigde opvattingen over de strafwaardigheid van crimineel gedrag kunnen wel leiden tot verzwaring van straffen en inperking van de grondwettelijke vrijheden. Zwaardere straffen en verdergaande overheidsbevoegdheden zijn op hun plaats bij bijvoorbeeld geweldsdelicten (zoals huiselijk geweld en besnijdenis) en de bestrijding van terrorisme en grootschalige fraude. Maar het effect van consequent vervolgen, preventie en een open oog voor de oorzaken is vele malen groter. Dit is bij conservatieven in slechte handen. Net zomin als men geïnteresseerd is in de voedingsbodem van terrorisme, worden preventieve organisaties als de reclassering en het jeugden jongerenwerk beschermd. Een verklaring voor de zichtbare verharding van de samenleving moet veel meer worden gezocht in (de frustratie over) het achterwege blijven van sociaaleconomische en culturele emancipatie, dan in het wegvallen van sociale controle. Wie voorrang geeft aan emancipatie en preventie, en aan daadwerkelijke handhaving van wetten en regels, kan de sociale veiligheid echt versterken.

Nu de verharding toeneemt, de samenleving pluriformer wordt en de macht van volksvertegenwoordigers afneemt, dient de individuele rechtsbescherming tegen mogelijke bestuurlijke willekeur te worden verbeterd. Niet alleen is de wetgever slechter in staat om het effect van wetten in het individuele geval te voorzien, het belang van veelzijdige ontplooiing van mensen dwingt ook om afwijkende interpretatie van regels mogelijk te maken. Daarvoor is het noodzakelijk de wetgevende, de uitvoerende en de rechtsprekende macht opnieuw in balans te brengen. In een veranderende samenleving moeten onvermijdelijk de rechtsstaat en de trias politica moderniseren. Het invoeren van constitutionele toetsing, zoals ik in een wetsvoorstel heb neergelegd, kan daartoe bijdragen, zeker waar botsingen tussen klassieke grondrechten aan de orde zijn. Als een burger zich tot de rechter kan wenden en in een procedure mag stellen dat de toepassing van een wet in strijd is met een artikel uit de Grondwet, dan kan de betekenis van grondrechten groeien. De Grondwet kan een levend document worden als de rechter eraan kan toetsen.

Opgeborgen in de annalen van de politieke geschiedenis bevindt zich een vrijzinnig, politiek denker van het eerste uur: Arthur Lehning, oprichter van het avant-gardistische, cultuurpolitieke tijdschrift *i10* en libertair essayist, die in 1999 de P.C. Hooftprijs ontving voor zijn bijdrage aan cultuur en politiek. Meer dan wie ook komt hem de eer toe te hebben geschreven over het belang van vrijheid voor progressieven. Hij verzette zich tegen de homogeniserende werking van het socialisme, zoals hij ook de uitsluitingmechanismen van het nutliberalisme wantrouwde. Tijdens de Johan Huizingalezing *Over vrijheid en gelijkheid*, uitgesproken in 1976, zegt hij bijvoorbeeld: 'De vraag naar vrijheid is de vraag naar de organisatie van de maatschappij waarbinnen mensen leven die vrijheden hebben of ze moeten verwerven. Als vrijheid het hoogste goed is, dan heeft iedereen er recht op, dat wil zeggen dat er gelijkheid van vrijheid moet bestaan. Nu mag iedereen dan volgens de mensenrechten vrij zijn, het komt erop aan ook van de vrijheid gebruik te kunnen maken.'

Onlangs bepleitte de publicist Dick Pels de oprichting van een progressieve tegenhanger van de conservatieve denktank Edmund Burke Stichting. Ik denk dat zo'n initiatief moet worden omarmd. Progressieve, vrijzinnige waarden verdienen ondersteuning en doordenking in een tijdsgewricht waarin 'de gelijkheid van vrijheid' tussen mensen snel vermindert. Het hoeft weinig betoog dat deze vrijzinnig, progressieve stichting de naam Arthur Lehning Stichting verdient.

De cultuur van de middelvinger

Over ethisch pluralisme

Ik zou vandaag kunnen spreken over de verantwoordelijkheid van sbs6 voor het ontstaan van rellen in een probleemwijk in Den Bosch, over de schandalige inval bij Omroep Brabant of de tsunami. Ik zou ook kunnen spreken over de dieptreurige omstandigheden waarin een deel van onze ouderen in verpleegtehuizen verkeert, over het isolement van veel jongeren op het vmbo, over het dikwijls verborgen leed van alleenstaande moeders in de bijstand, over de weinig waardige omgang met chronisch zieken en gehandicapten, die kampen met oplopende kosten en teruglopende hulp, en over toenemende armoede. Ik zou natuurlijk ook kunnen spreken over het totale gebrek aan rentmeesterschap in de hervormingsplannen van het kabinet, over de bio-industrie en dierenwelzijn, over de vieze lucht die wij inademen, over het verdwijnen van kwetsbaar groen ten gunste van bedrijventerreinen. Met even grote vanzelfsprekendheid kan ik de 26.000 uitgeprocedeerden centraal stellen, die al jaren op duidelijkheid wachten over hun lot. Ik kan ook spreken over hondenpoep, fietsendiefstallen, onbeschoft gedrag in de tram, loszittende stoeptegels, treinvertragingen, straatcriminaliteit, grote bedrijfsfraudes, oponthoud bij de Belastingtelefoon, Guantánamo Bay, overlast in zwembaden, vertrapte plantsoenen, voetbalvandalisme en racistische spreekkoren, onbeschaamde ambtenaren, belspelletjes op tv, zwerfvuil, drugsgebruik, agressief rijgedrag, luid mobiel bellen, zwartrijden, enzovoort.

Al deze onderwerpen passen naadloos in dit normen-en-waardendebat, maar ik zal er vandaag niet over spreken. Wel durf ik te wedden om een goede fles wijn dat de een of de ander deze onderwerpen vandaag uitgebreid behandelt en dat de premier aan het einde van deze lange dag van georganiseerde spraakverwarring tevreden huiswaarts gaat na te hebben geconcludeerd dat alle geachte sprekers, zij het natuurlijk op geheel eigen wijze, het belang van zijn normen-en-waardendiscussie hebben onderstreept en dat er, in de woorden van de premier, allang niet meer lacherig over wordt gedaan. Ik gun het de premier graag, maar dat laat onverlet dat het normen-en-waardendebat een kapstok is waaraan iedereen met graagte zijn jas hangt, de premier incluis.

Daarmee is het normen-en-waardendebat ook een vluchtheuvel geworden voor partijpolitieke liefhebberijen. Dat gaat eraan voorbij dat samenleving en politiek kampen met een aantal grote morele dilemma's waarop wij – parlementariërs en politiek bestuur – een bevredigend antwoord moeten vinden. Het zijn morele dilemma's die samenleving en politiek polariseren. Een aantal van die dilemma's leg ik de premier voor, inclusief de keuzes die GroenLinks maakt. Ik vraag de premier om in zijn beantwoording beargumenteerd te kiezen.

Mijn eerste dilemma heb ik, een tikje chic, omschreven als 'ethisch monisme versus ethisch pluralisme'. Wij kunnen het er direct over eens zijn dat een groot aantal normen niet onderhandelbaar is. De mensenrechten, vastgelegd in een groot aantal verdragen en in onze Grondwet, de beginselen van onze democratische rechtsstaat en van behoorlijk bestuur, de wetten – met name ons Wetboek van Strafrecht – en meer in het algemeen de normen van vreedzaamheid en geweldloosheid. Iedereen in Nederland dient deze normen te huldigen. Op overtreding volgt bestraffing.

Het is een minimale gemeenschappelijke moraal, maar met de vaststelling ervan zijn wij er niet. Waardeconflicten in onze samenleving gaan vooral over omgangsvormen. Deze lijken ook vooral de inzet te zijn van het normen-en-waardendebat van de premier. Wat zijn nu precies beschaafde omgangsvormen? Accepteren wij dat voor de een het geven van een hand beschaafd gedrag is, terwijl voor de ander juist het weigeren van de uitgestoken hand van een vrouw een teken van respect is? Of eisen wij dat iedereen dezelfde omgangsvorm – namelijk: je geeft elkaar een hand – hanteert op straffe van uitsluiting? Met andere woorden: streven wij een monistische samenleving na, waarin het waardeconflict plaatsmaakt voor een uitgebreide etiquette, waaraan iedereen dient te gehoorzamen? Moet onze samenleving ook één gemeenschappelijke ethiek hebben?

Dat zou niet de keuze van GroenLinks zijn. Wij huldigen het ideaal van de plurale samenleving, waarin waardeverschil en waardeconflict als dierbaar en zelfs als noodzaak worden gezien. Niet alleen omdat wij denken dat het onmogelijk is alle verschillen tussen mensen te overbruggen, maar vooral omdat ethisch pluralisme, de erkenning en waardering van conflicterende waarden, een voorwaarde is voor kritisch en vrij burgerschap. Op het moment namelijk dat burgers gebonden zouden moeten raken aan één ethiek, aan één specifieke culturele identiteit, zou dat altijd de uitsluiting van anderen betekenen. Heel precies betekent dit dat ik de imam die met redenen omkleed weigert mij de hand te schudden, zal respecteren.

Ethisch pluralisme is voor GroenLinks ook rechtstreeks

verbonden met het voortbestaan van ons politieke bestel. In essentie is politieke strijd voor ons een waardeconflict, waarbij verschillen die wij overbruggen direct worden ingehaald door nieuwe, diepgaande verschillen van mening, waarop ten langen leste een compromis wordt gesloten. Volgens de filosoof Claude Lefort is de kern van de parlementaire democratie dat de plaats van de macht altijd leeg is. Als één stelsel van waarden de macht voor langere tijd in bezit neemt, zoals nu bijvoorbeeld aan de hand is in de Verenigde Staten onder de Republikeinen, dreigt democratie te perverteren. U kunt hieruit dan ook rechtstreeks afleiden dat GroenLinks negatief oordeelt over een tweepartijenstelsel, waarbij de ene partij regeert en de andere partij niet.

Mijn tweede morele dilemma gaat over onze institutionele moraal, over de wijze waarop in collectieve regelingen – bijvoorbeeld in zorg, onderwijs, sociale zekerheid – is vastgelegd hoe burgers en overheid zich jegens elkaar hebben te gedragen, en waarin is vastgelegd wie op welke rechten en plichten is aan te spreken. Een permanent probleem in de moderne verzorgingsstaat is hoe men moet omgaan met de zogenaamde *free riders*: de mensen, de bedrijven en de publieke instellingen die tot het uiterste gaan voor het eigen winstbejag en er niet voor terugdeinzen om de kosten op anderen af te wentelen. Het gaat dan bijvoorbeeld om de bijstandsfraudeurs, de grote bedrijven die de mazen in de wet zoeken, en de probleemrijken, de topmanagers die geen boodschap hebben aan loonmatiging en zichzelf ten koste van de gemeenschap en van hun eigen werknemers verrijken.

Free-ridersgedrag moet je vanzelfsprekend tegengaan door de wetten te handhaven, door duidelijke pakkansen te creëren en door de top net zo hard aan te pakken als de onderkant. Gelukkig erkent ook de minister-president dat het daaraan op dit moment schort. Je kunt ook een stap verder gaan door de collectieve regelingen waterdicht te maken en het gevaar van misbruik en free-ridersgedrag tot uitgangspunt van je stelsel te maken. Wat GroenLinks betreft geldt dat voor de plannen voor de wao en de ww, die uitgaan van de veronderstelling dat de grote groep onterecht, op valse gronden, aan zijn uitkering gehecht is. Dat geldt bijvoorbeeld ook voor de ingevoerde no-claim, die gebaseerd is op de gedachte van onterecht gebruik van zorg.

Ik leg aan de minister-president het volgende dilemma voor: wantrouw je als staat je burgers – dat is het uitgangspunt van de door mij genoemde regelingen – en laat je daarmee de goeden onder de slechten lijden, of vertrouw je je burgers, ook al betekent dit dat de kans op misbruik blijft bestaan? Uit de genoemde voorbeelden zal duidelijk zijn welke keuze Groen-Links maakt. Wij wensen burgers te vertrouwen. Ik ben benieuwd naar de keuze van de premier.

Mijn derde dilemma betreft het dagelijkse sociale verkeer tussen mensen, de sociale moraal, juist omdat mensen in onze samenleving sterk verschillen in de door hen belangrijk gevonden waarden en juist omdat GroenLinks dat waardeconflict waardevol acht en wil laten voortbestaan. Daarom erkennen wij dat er gemeenschappelijke procedures nodig zijn om conflicten vreedzaam te laten verlopen en zo mogelijk te beslechten. Met andere woorden: het verschil in waarden verdient respect, maar de manier waarop daaraan soms uitdrukking wordt gegeven niet. De cultuur van de middelvinger, het alles zo hard en zo kwetsend mogelijk zeggen en het koste wat kost doorbreken van alle taboes, is vijandig aan de vrije en plurale samenleving. GroenLinks houdt van mondige, niet van 'grotemondige' burgers. De premier denkt dat een normen-en-waardencampagne hierbij helpt. Ik beschouw dit als een vergissing en ik ben benieuwd naar de wapenfeiten van de premier, naar de concrete vermindering van agressie, intimidatie, grofheid en onbeschoftheid in de afgelopen twee jaar.

Waarom denk ik dat de premier zich vergist? De filosoof Gerard de Vries heeft dat in een van de voorstudies voor het wrr-rapport heel aardig beschreven. Hij zegt dat waarden en normen geen directe richtlijnen voor gedrag opleveren. Elke partij in het Midden-Oosten heeft vrede heel hoog in het vaandel staan, maar desondanks vallen er elke dag doden. Onze samenleving heeft geen normen-en-waardencampagnes nodig, maar procedures voor vreedzaam sociaal verkeer.

Hier doet zich mijn derde dilemma voor. Richt je je op het terugdringen van de 'grootmondigheid' of richt je je op het vergroten van de mondigheid, van het kritisch besef van burgers? Bestraf je degenen die vreedzame conflictbeslechting onder druk zetten? Ik denk aan het apologieverbod, aan beperkende regels voor de media, aan zero tolerance, aan het verhinderen van politieke organisaties met radicale opvattingen, enzovoort, kortom, dan denk ik aan repressie. Of maak je burgers mondiger, kritischer, en help je hen om zich te verweren tegen hardheid, grofheid en kwetsuur? Het mag duidelijk zijn. GroenLinks kiest voor het mondiger en kritischer maken van burgers. Ik ben benieuwd wat de premier kiest. Want let wel, dit kost geld. Het ontbreekt namelijk te veel mensen te vaak aan mogelijkheden en vaardigheden om in geweldloze confrontaties hun zaak te bepleiten en een conflict de wereld uit te helpen.

Daar ligt wat ons betreft, zeker in een onrustige samenleving, een grote taak voor de overheid. Dan gaat het niet alleen om ondersteuning van het verenigingsleven, het versterken van de onafhankelijkheid van maatschappelijke organisaties – het gaat ook, zoals het kabinet nu ook doet, om het financieel bijstaan van mensen met een krappe beurs die kiezen voor bemiddeling, voor mediation. Maar dat is niet genoeg.

Recent in Uden, na de tweede brandstichting, hebben allochtone jongeren de dienstdoende wethouder gevraagd om begeleiding en ondersteuning om een vreedzame confrontatie te kunnen hebben met de zogenaamde Lonsdale-jongeren. De reactie van de wethouder liet zich samenvatten als een bestuurlijke kramp. En dat is verkeerd, want naar mijn idee moeten bestuurders en politici hierin juist voorgaan, zeker als de vraag van onderop komt. Ruimtes beschikbaar stellen, begeleiding regelen en zo nodig ook zelf als arbiter optreden. Ik zou daarom als volgende ronde in het debat over normen en waarden geen nieuwe voorlichtingscampagnes willen, geen discussiesites, maar concrete voorstellen van de regering voor het beslechten van maatschappelijk conflict.

Dat brengt mij op mijn vierde en laatste dilemma. En dat is de politieke moraal. Dat gaat over de wijze waarop wij politici gewenst gedrag voorleven. Hierbij dienen wij onszelf een spiegel voor te houden. Want zonder twijfel rust op ons een bijzondere verantwoordelijkheid. Door wetten te maken, door middelen te herverdelen, beïnvloeden wij de institutionele moraal. Door te moraliseren over maatschappelijke wrijvingen en sociale misstanden beïnvloeden wij het dagelijks verkeer tussen mensen. Wij kunnen mensen verder van elkaar vervreemden en het is geen geheim dat dit naar de opvatting van GroenLinks de laatste tijd te vaak is gebeurd. Niet alleen geven politici dan het verkeerde voorbeeld, belangrijker nog is dat wij de mensen in de kou zetten die van dag tot dag de maatschappelijke problemen proberen te beheersen.

In een recent essay in NRC *Handelsblad* haalt Cyrille Offermans een lerares op een zwarte Amsterdamse basisschool aan. Zij zegt: 'Politici mogen roepen wat ze willen, wij zullen morgen de schade wel weer herstellen.' Offermans concludeert: 'Wie zich werkelijk inlaat, van dag tot dag, met opvoeding en emancipatie, die weet hoeveel moeite het kost om systematisch verwaarloosde en vaak geminachte kinderen zoveel vertrouwen te schenken dat ze een zeker zelfvertrouwen, een zeker verantwoordelijkheidsgevoel kunnen ontwikkelen dat ze nu en later heel hard nodig zullen hebben.' En er komt nog wat bij. Politici hebben ook grote invloed op de mores rond conflictbeslechting. Hier, in de media en bij het publiek wordt politieke polarisatie verwelkomd als nieuwe helderheid waar decennia naar is verlangd. Inderdaad, de zegeningen van duidelijk gemarkeerd politiek verschil zijn talrijk. Maar polarisatie is voor mij iets anders. Polarisatie betekent dat wij ophouden naar elkaar te luisteren, dat wij ophouden ons te verplaatsen in elkaars argumenten. Dan overheerst de confrontatie omwille van de confrontatie. Dan dreigen intimidatie en het op de man of op de vrouw spelen te gaan overheersen. Dan verdwijnen uiteindelijk de hoffelijkheid en de wellevendheid uit het politieke debat. Een slecht voorbeeld doet slecht volgen.

Voordat de wenkbrauwen omhoog gaan, zeg ik hier met nadruk dat ik niet mijn handen in onschuld was. In het vuur van de strijd heb ik mij wel eens meer laten gaan dan mij lief is. Bezinning is op z'n plaats. En dat is mijn vierde dilemma. Gaan wij door met polarisatie – dikwijls doen wij dat om electorale redenen – of zijn wij bereid wat water bij de wijn te doen om maatschappelijke conflicten te kanaliseren? Het is dus een keuze tussen polarisatie of pacificatie. De fractie van GroenLinks kiest voor het laatste. Zij heeft mede daarom recent gepleit voor een parlementaire conferentie over de trias politica. Ruzie tussen de wetgevende en de rechtsprekende macht kent uiteindelijk immers alleen verliezers. Vandaag zal vast en zeker ook de vraag naar de Nederlandse identiteit naar voren komen. Ik waag mij eerlijk gezegd niet graag aan een algemene definitie daarvan. Laat staan dat ik mij graag waag aan een canon van de vaderlandse geschiedenis. Wel kan ik duidelijk aangeven met welke traditie de fractie van GroenLinks zich identificeert, namelijk die welke zich wortelt in de strijd tegen het water en in de vreedzame omgang met verschillende religieuze wereldbeelden. Dat is de traditie van tolerantie die nadrukkelijk haaks staat op onverschilligheid. Het is de pacificatie van tegenstellingen na debat en met erkenning van verschillen van mening die voortbestaan. Begrijp goed dat ik niet het keurslijf van het poldermodel bepleit en dat ik zeker niet pleit voor omzwachtelende politieke correctheid. Wel doe ik een appèl op ons gemeenschappelijke belang, namelijk het streven naar een hogere politieke moraal. Naar mijn idee begint die met de erkenning van ons menselijk tekort. Dan doel ik zowel op dat van u als op dat van mij.

Een linkse lente

Over sociaal-individualisme

Eind mei 2005 zakte ik op een zeldzaam mooie lenteavond door met Ayaan Hirsi Ali. Bij alle diepgaande meningsverschillen over de politieke route leken wij die avond verbazingwekkend eensgezind in onze overtuiging over de gewenste bestemming: het ideaal van een vrijzinnige Nederlandse samenleving.

Halverwege het gesprek noemde Hirsi Ali plotseling de legendarische verkiezingsposter van de Pacifistisch-Socialistische Partij (PSP) uit 1971 een icoon van het Nederland dat zij bewondert en idealiseert. In eerste instantie moest ik erom lachen dat uitgerekend zij, wier stijlmiddelen polarisatie en confrontatie zijn, de afbeelding kiest van de euforisch uitgerekte, naakte vrouw voor een koe in de wei met als onderschrift 'ontwapenend'. Met haar uitleg verdween de verbazing, omdat zij de poster vooral beschouwt als cultureel antigif tegen religieuze wereldbeelden en oprukkende hoofddoeken in het bijzonder: 'Dit laten we ons toch niet afpakken.'

Het gesprek en haar voorbeeld bleven me bij, om er daarna ook geleidelijk geërgerd over te raken. Uiteindelijk is Hirsi Ali niet geïnteresseerd in het gedachtegoed dat achter de poster schuilgaat, maar is het een van haar vele wapenen in de strijd tegen religieuze, islamitische benauwdheid. De poster is voor haar vooral een contrapunt en niet een toekomstvisioen.

De PSP-poster is legendarisch geworden. Allereerst vanzelf-sprekend vanwege de naakte vrouw, destijds woedend gepa-rodieerd door Dolle Mina met een alternatieve poster van een (langharige) naakte man met als onderschrift 'onthul-lend'. Maar uiteindelijk ook omdat de naakte vrouw twee kernbegrippen uit het progressieve gedachtegoed ontwape-nend symboliseert: vrijheid en verbeelding. Vrijheid door het letterlijke afwerpen van alle overtollige kledingstukken; ver-beelding door de verleidelijke suggestie dat naaktheid een an-dere, vreedzamere samenleving brengt.

De publicist Pieter Hilhorst stelt dat bevrijding als 'de vreugde om gewonnen ruimte', als 'loskomen van de wereld', leeg is, en misleidend. Vrijheid krijgt pas betekenis als zij ge-paard gaat met een politieke conceptie van het goede leven en met verantwoordelijkheidsbesef bij het bevrijde individu. De poster was en is als zinnebeeld voor vrijzinnig links daarom ook problematisch. Niet omdat hij seksistisch zou zijn, maar omdat de idealisering van 'bevrijding' in antwoord op oor-log, onderdrukking en ongelijkheid simplistisch en eenzijdig is. De sterke nadruk op bevrijding van het individu, op de 'dekolonisatie van de burger', om met journalist Henk Hof-land te spreken, heeft linkse en progressieve politici de afgelo-pen decennia kwetsbaar gemaakt.

In de eerste plaats is individualisering na de jaren zeventig als politiek ideaal in een ander daglicht komen te staan. In de no-nonsensekabinetten van Ruud Lubbers degradeerde het geëmancipeerde individu tot een economisch calculerende burger. Tegelijkertijd werden de snel stijgende criminaliteit, het toenemende free-ridersgedrag door werkgevers en werk-nemers in de sociale zekerheid, en de groeiende, maar vage onrust over algehele normvervaging toegeschreven aan de individualisering. In hun *Manifest voor de jaren zeventig* (2005) herinneren Jos van der Lans en Antoine Verbij eraan dat het individualisme van de jaren zeventig weliswaar op de bevrijding van het individu was gericht, maar niet verward mag worden met 'egoïstische zelfbepaling': 'Het individualisme van de jaren zeventig was een moreel individualisme, gebaseerd op de overtuiging dat de mens met zichzelf en de gemeenschap het beste voor heeft. Het individualisme van de jaren tachtig is daarentegen een economisch individualisme, dat ervan uitgaat dat de gemeenschap het meeste gediend is met koel calculerende burgers die hun eigen materiele belangen vooropstellen.'

Veel linkse en progressieve politici worstelden met de kritiek op de individualisering. Sommigen diskwalificeerden de eigen idealen als 'doorgeschoten individualisme'; anderen omarmden juist de tijdgeest van het stimuleren van marktliberalisme en het versterken van de materiële belangen van burgers. Vooral in de jaren negentig had dit een waterscheiding in linkse kringen tot gevolg. Omdat individualisering in toenemende mate gold als een rechts en paars project, reageerden veel linkse, oppositionele politici door te vluchten in collectivisme en pleidooien voor overheidsingrijpen. GroenLinks, de sp en het linkerdeel van de PvdA bepleitten verstatelijking van de solidariteit, terwijl sociaaldemocraten die de paarse regeringsmacht mede vormgaven, vooral de individuele welvaart leken te willen bevorderen.

Terugkijkend is het toenemende staatspaternalisme vooral voor GroenLinks en zijn vrijzinnige voorlopers (psp en ppr) problematisch. Hoewel GroenLinks altijd sterk verbonden is gebleven met het individualisme van de jaren zeventig, heeft de partij in de afgelopen jaren nagelaten een tweede stap in haar emancipatiestrijd te zetten: het ontwikkelen van een soevereine opvatting over sociaaleconomische vrijheid. In plaats daarvan is leentjebuur gespeeld bij de sociaaldemocraten, die een grote voorkeur aan de dag legden voor bevoogdende staatsarrangementen. Typisch vrijzinnig-linkse uitzonderingen hierop zijn het wettelijk recht op deeltijdarbeid en de persoonsgebonden budgetten in de zorg. Deze initiatieven konden niet verhinderen dat het autonomie-ideaal verweesde, omdat juist de linkse en progressieve erflaters ervan door rechtse ideologen die de mondige consument verdedigden, verantwoordelijk werden gehouden voor toenemende staatsafhankelijkheid van kwetsbare burgers.

De kwetsbaarheid van de bevrijdingsideologie van de jaren zeventig heeft zich, in de tweede plaats, nog sterker gemanifesteerd op het culturele vlak. In het kielzog van de geslaagde emancipatie van vrouwen, homoseksuelen en religieuzen werd het snel groeiende aantal migranten een aanlokkelijk perspectief van autonomie en zelfstandigheid voorgehouden. Niet de sociaaleconomische emancipatie kwam centraal te staan, maar ruimte 'voor de eigen identiteit'. De nefaste uitwerking van 'het beleid voor behoud van eigen identiteit' is inmiddels uitentreuren uitgemeten. Terwijl in de jaren tachtig de werkloosheid snel steeg, zijn de sociaaleconomische achterstanden bij migranten te lang genegeerd. Tegelijkertijd is het juist voor links zo belangrijke ideaal van emancipatie door allochtone gemeenschappen en groeperingen gebrekkig overgenomen. Als gevolg daarvan verminderde de tolerantie onder – vooral – kansarme autochtonen die met allochtonen samenleefden of van nabij werden geconfronteerd met de stijgende criminaliteit van een deel van de allochtone jongeren.

Anders dan vaak wordt gesuggereerd, beperkte het defaitisme zich niet tot links: tot ver in de jaren negentig werd het hele politieke establishment beheerst door de gedachte dat respect voor de individuele autonomie van migranten gelijkstond aan non-interventie. De afgelopen jaren hebben zowel de linkse als de rechtse politieke partijen hun opvattingen bijgesteld. Ook GroenLinks heeft zijn statische opvatting over 'integratie met behoud van eigen identiteit' verruild voor het meer dynamische 'integratie door emancipatie'. Anders dan zijn linkse bondgenoten blijft GroenLinks de individuele en culturele vrijheden van migranten en allochtonen benadrukken, zij het dat het sterker dan in het verleden hamert op de rechtsstatelijke grenzen ervan.

Intussen is er een politieke strijd gaan woeden om het begrip 'vrijheid'. Die strijd laat GroenLinks, met zijn historie van vrijheids- en emancipatiestreven, niet aan zich voorbijgaan. Hirsi Ali mag dan oppervlakkig flirten met de PSP-poster en het ideaal van individuele bevrijding, de politieke retoriek en de maatregelen die daarmee gepaard gaan, zijn hiermee – op zijn zachtst gezegd – in strijd. Uit een aantal tendensen blijkt dat de regeringspartijen zich juist ver verwijderen van de recente, Nederlandse emancipatiegeschiedenis.

1 Emancipatienihilisme

Zowel in de conservatief-liberale opvattingen van de VVD als in de normen-en-waardencampagne van premier Balkenende regeert een nihilistische visie op het individu. Geïndividualiseerde burgers functioneren in deze visie zonder gemeenschappen en worden beoordeeld op hun maatschappelijke en economische succes. Onderscheid tussen burgers naar kwetsbaarheid en emancipatiemogelijkheden wordt nauwelijks gemaakt, omdat in de rechts-conservatieve filosofie (het gebrek aan) 'de eigen verantwoordelijkheid' de verschillen verklaart. Structurele maatschappelijke problemen zoals armoede, achterstand, milieuvervuiling of werkloosheid zijn het gevolg van falende, onverantwoordelijke burgers die gevangen zijn in een 'achterlijke cultuur', geen normbesef hebben of gemakzuchtig zijn. De klassieke notie van emancipatie als het mogelijk maken van sociaaleconomische en culturele keuzevrijheid verdwijnt uit het zicht. Daartegenover werpen rechts-conservatieve politici zich op als de hoeders van de goede zeden en de bewakers van de dominante cultuur. Volgens het CDA zijn gedeelde waarden de norm, terwijl de VVD om patriottisme vraagt en vindt dat juichen voor het Nederlands elftal van iedereen mag worden verlangd. 'Onze' cultuur wordt beschouwd als een vaststaand feit, en tolerantie ten opzichte van onze onderlinge verschillen als een bedreiging. Hoewel vaak lippendienst wordt bewezen aan het emancipatie-ideaal, laat de werkelijke politieke ambitie zich enkel omschrijven als disciplinering: burgers moeten sociaaleconomisch en cultureel in de pas lopen. De PSP-poster is voor Hirsi Ali niet meer en niet minder dan een dwingende oproep aan moslimvrouwen om hun hoofddoekjes af te gooien en zich te voegen naar de dominante, seculiere cultuur.

2 Economisch reductionisme

Niet alleen zijn sociaaleconomische emancipatie en culturele keuzevrijheid naar de achtergrond gedrongen, de individuele burger wordt eenzijdig beoordeeld op zijn bijdrage aan de economische groei. De filosofe Baukje Prins beschrijft de feministische ambitie in de jaren zeventig om met de emancipatie van vrouwen tegelijk ook de samenleving van gedaante te laten verwisselen. Zoals vrouwenemancipatie is verengd tot arbeidsmarktparticipatie, zo zijn burgers gereduceerd tot arbeidskrachten. Vrije tijd is een kostenpost, welzijn een privéaangelegenheid, de veertigurige werkweek een zogenaamde economische noodzaak. De ontspannen samenleving en een rechtvaardiger verdeling van arbeid en zorg staan onder zware druk, bijvoorbeeld omdat de mogelijkheden voor kinderopvang, tussen- en naschoolse opvang en mantelzorg ronduit armetierig zijn.

Een treurige illustratie van economisch reductionisme zijn ook de verwaarlozing van het milieubeleid en de verloedering van de cultuurpolitiek. De bescherming van mens en milieu is ondergeschikt gemaakt aan de financiële kosten op korte termijn. 90 procent van de milieudoelen wordt niet gehaald, de uitstoot van broeikasgassen blijft groeien, de leefbaarheid daalt en jaarlijks sterven in Nederland 18.000 mensen tien jaar te vroeg door vervuilde lucht. De gedachte dat economische groei uiteindelijk ten dienste zou moeten staan van verbetering van het individuele en collectieve welzijn, is in haar tegendeel komen te verkeren.

Ook bij de cultuurpolitiek is de economische waardering centraal komen te staan. Waar van oudsher subsidies werden verleend aan instellingen en gezelschappen die hun culturele waarde bewezen zonder dat ze op de markt konden renderen, worden geldstromen nu hoofdzakelijk aangewend als prikkels voor marktconform optreden. Logischerwijs worden kleine, non-conformistische en dwarse (maar subsidieafhankelijke) cultuuruitingen als eerste in hun voortbestaan bedreigd.

3 Angstpolitiek

Daar waar de regeringscoalitie zichzelf een 'hervormingskabinet' noemt, lijkt zij nog enigszins de politieke ambitie uit de jaren zeventig te benaderen om niet enkel de samenleving te beheren, maar deze ook grondig op de schop te nemen. Maar bij het woord 'hervorming' houdt de vergelijking direct op. De progressieve politici uit de jaren zeventig formuleerden een aansprekend en hoopvol toekomstperspectief waarin 'spreiding van macht, inkomen en kennis' tot een egalitaire, vreedzame en geïndividualiseerde samenleving zou leiden. De regering-Balkenende probeert steun te vinden voor een grootscheepse saneringsoperatie onder verwijzing naar beangstigende en pessimistische toekomstscenario's: internationale concurrentie, vergrijzing, oplopende culturele spanningen en terroristische dreiging. Tijdens de campagne voor het referendum over de Europese Grondwet grossierde de regering in angstige, de bevolking kleinerende oneliners. Het licht zou uitgaan, 'balkanisering' dreigde en de premier zou voor gek staan in Europa. Het overweldigende 'nee' kon worden opgevat als een revolte tegen de angstpolitiek van het kabinet. Bovendien wordt steeds een harde, vaak vernederende confrontatie gezocht met migranten en hun vertegenwoordigers. De doembeelden vergroten de al bestaande onzekerheid over de identiteit van het land, terwijl de angst voor terrorisme, immigratie, falende integratie en islam hand over hand toeneemt.

4 Autoritarisme

Met de groeiende angst voor de toekomst neemt ook de roep om een sterke man toe. Anders dan voorgaande kabinetten maakt de regering-Balkenende van 'sterk leiderschap' een doel. De plotselinge populariteit van de rechtstreeks gekozen formateur en burgemeester bij een conservatieve partij als de vvd heeft weinig te maken met democratisering van de macht. Er wordt eerder geprobeerd een machtsverschuiving te bewerkstelligen van de volksvertegenwoordiging naar de gekozen bestuurder, die met een groot en eigen mandaat parlementaire bezwaren tegen politieke maatregelen terzijde kan schuiven. Daarmee komt een van de beginselen van de moderne democratie onder druk te staan, namelijk dat niet macht, maar publiek gezag het kenmerk is van de democratische leider. Bij gebrek aan publiek gezag lijkt dit kabinet te bezwijken voor de lokroep van machtstoe-eigening.

Bovendien lijken ministers minder terug te deinzen voor een oneigenlijk gebruik van bestuurlijke bevoegdheden. In een hoofdredactioneel commentaar in NRC Handelsblad (5 juli 2005) werd de minister voor Vreemdelingenzaken en Integratie getypeerd als 'Keizerin Rita'. Aanleiding was het door de IND welbewust in de wind slaan van rechterlijke uitspraken, hierin gesteund door de minister. Dat een bewindspersoon zich losmaakt uit de rechtsstatelijke begrenzing van het ministeriële ambt, is geen uitzondering. Haar collega van Justitie heeft meermalen aangegeven de staatsrechtelijke beperkingen aan zijn bestuurlijke bevoegdheden hinderlijk te vinden. Wat hem betreft dient de rechtsstaat te worden omgevormd tot een (voor hem) 'bruikbare rechtsorde'. Met zijn recente voorstellen voor een meldingsplicht voor zich verdacht gedragende burgers en de verlenging van voorlopige hechtenis tot twee jaar zonder rechterlijke toetsing laat hij zien dat het hem menens is met terrorismebestrijding.

Tegenover het regerende economisch liberalisme, het assimilatieoffensief dat een toenemend aantal (allochtone) burgers uitsluit en vernedert, en tegenover de 'handelaren in angst' die de bange burgerij disciplineren, is het voor links belangrijk om het spoor terug te volgen naar de jaren zeventig. Zonder de schaduwzijden van gewelddadig extremisme en al te revolutionair activisme te bagatelliseren, kan men stellen dat vooral in die jaren burgerlijke vrijheid en emancipatie hun maatschappelijke en politieke beslag hebben gekregen. Om nogmaals met Van der Lans en Verbij te spreken: 'De jaren zeventig vormen een unieke periode in de naoorlogse geschiedenis van ons land, een periode die wezenlijk verschilt van wat eraan voorafging en wat erna kwam. Het was de bloeitijd van actiegroepen, politieke organisaties, solidariteitscomités, basisbewegingen, bedrijfsorganisaties, overlegorganen, buurtcomités en praatgroepen. Vrijheid en verantwoordelijkheid gingen hand in hand. De zorg om het eigen ik viel samen met de zorg om de gemeenschap. Nederland was in de jaren zeventig een morele proeftuin waarin burgers met vallen en opstaan op zoek gingen naar de optimale balans tussen de grootst mogelijke vrijheid en het grootst mogelijke engagement.'

Het zou naïef zijn om te veronderstellen dat de herleving van praatgroepen het conflictueuze gehalte van de moderne Nederlandse samenleving vermindert. Maar voor vrijzinnig-linkse politici die zich, zoals ik, geïnspireerd voelen door de emancipatiebewegingen uit de jaren zeventig, is de notie van moreel of sociaal-individualisme onverminderd actueel. Of het nu gaat om moslimvrouwen die nauwelijks de deur uit komen, bijstandsgerechtigden die met hoge schulden kampen, autochtone middengroepen die uit verkleurende wijken naar witte suburbane enclaves vluchten, topmanagers die zichzelf exorbitant verrijken, of bedrijven die hun milieukosten op de gemeenschap afwentelen, in al deze gevallen is er geen balans tussen vrijheid en verantwoordelijkheid. In het ene geval is het vrijheid die zo goed als afwezig is, in het andere geval verantwoordelijkheid of sociaal engagement.

Sociaal-individualisme betekent een ferm, politiek verzet tegen de heersende uitleg van individualisme als consumentisme en egoïsme. Maar ook de onevenredig zware nadruk die linkse partijen de afgelopen decennia hebben gelegd op verstatelijking van de solidariteit, komt onder vuur te liggen. Individuele autonomie vereist dat de overheid sociaaleconomische belemmeringen voor zelfontplooiing zoveel mogelijk opruimt. Daarvoor zijn staatsinterventies onontbeerlijk, maar de aantrekkelijkheid van vrijzinnig links is niet gelegen in restauratie van de verzorgingsstaat of enkel in de bescherming van 'de verworven (pensioen)rechten' van oudere werknemers. De huidige verzorgingsstaat kweekt afhankelijkheid en inactiviteit door de traditionele nadruk op inkomenssteun. Veel te weinig wordt een beroep gedaan op het sociale engagement van mensen, op hun behoefte zichzelf en de samenleving te ontwikkelen. Onterecht worden in de bestaande regelingen ouderen bevoorrecht boven jongeren. Pensioenvoorzieningen, de AOW, de WW zijn alle gericht op arbeidsduur en leeftijd, waardoor ouderen ook dikwijls voortijdig worden afgeschreven voor de arbeidsmarkt. In een moderne en geïndividualiseerde samenleving moeten juist voor jonge en kwetsbare mensen de arbeidsmarkt en de werktijden verregaand worden geflexibiliseerd, moet de verhouding tussen arbeid en zorg grondig worden herzien en moeten ondersteunende faciliteiten als persoonsgebonden budgetten voor bijvoorbeeld de kinderopvang worden uitgebreid. Voor ouderen worden de mogelijkheden voor langere arbeidsparticipatie vergroot door bijvoorbeeld een flexibele AOW-leeftijd te introduceren.

Bij het recht om sociale kansen te krijgen en te (kunnen) grijpen horen de even vanzelfsprekende deugden van sociale betrokkenheid, kritische burgerzin, bereidheid tot overleg en respect voor verschil. Voor alle burgers geldt dat het leven in gemeenschapsverband niet alleen hun welzijn verhoogt, maar ook (in hoge mate) bepalend is voor hun individuele keuzes. De crux van sociale individualisering is dat niet 'de zwerm bepaalt wat goed is voor de bij'. In 'lichte gemeenschappen' behoudt het individu zijn keuzevrijheid, maar ontwikkelt het tegelijkertijd zijn sociale engagement.

Respect voor het sociale individu veronderstelt dat de overheid niet nodeloos moraliseert. Vooral in groene politiek zou niet het moralisme, maar het praktisch idealisme moeten regeren. Zo is het bijvoorbeeld alleszins redelijk om met praktische maatregelen het gebruik van grote, gevaarlijke en milieuvervuilende auto's (de zogenaamde suv's) in de buurt van scholen te ontmoedigen. Maar het geeft geen pas, en het is ook niet effectief, om de bezitters ervan af te schilderen als 'asociaal' of 'rijke tweeverdieners'. Veel beter dan het veroordelen van consumentistische leefstijlen of het milieuvervuilende bedrijfsleven, is het hanteren van het principe dat de vervuiler betaalt, van radicale 'vergroening' van het belastingstelsel en het goedkoper maken van milieuvriendelijk gedrag. Praktisch idealisme is gebaseerd op de gedachte dat mensen redenen hebben voor de keuzes die zij maken. Het 'geheven vingertje' brengt mensen niet op andere gedachten, noch doet het recht aan de (al dan niet milieuvervuilende) beslissingen die zij met gegronde redenen nemen. Mensen herzien hun beslissingen veel eerder als zij praktische, milieuvriendelijke en groene handelingsalternatieven krijgen aangereikt.

In een vrije en geïndividualiseerde samenleving zijn verschillen tussen mensen geen bedreiging, maar een groot goed. Niet elk verschil kent echter dezelfde waardering. Mondigheid van burgers verdient lof, 'grotemondigheid' schaadt de vrijheid van anderen. Religieuze tradities en gebruiken, jongerenculturen en subculturen kleuren de samenleving; vernedering, uitsluiting en geweld zetten die veelkleurigheid juist onder druk. Respect voor verschil is niet hetzelfde als onverschilligheid jegens intolerantie of intimidatie. Werkelijke tolerantie komt niet zonder slag of stoot tot stand, maar vereist debat en onderhandeling. Tegelijkertijd wordt ten langen leste elke individuele burger zijn eigenaardigheden gegund om te voorkomen dat hij opgesloten raakt in een van bovenaf opgelegde, benauwende groepsmoraal. Of in de woorden van Ilja Leonard Pfeijffer (2005): 'Wie tolerant is, begrijpt dat de anderen anders zijn, zou misschien zelf nooit zo willen zijn, heeft misschien zelfs nare gevoelens bij die anderen, vindt ze misschien zelfs vies en verkeerd, maar heeft het intellectuele besef dat het beter is voor de samenleving om dergelijke gevoelens te onderdrukken en er niet naar te handelen.'

Een vrije en geïndividualiseerde samenleving vergt zelfbeperking van politici. Niet in hun idealen, maar wel in de instrumenten die zij gebruiken om hun politieke agenda aan burgers op te leggen. Het conservatieve liberalisme hanteert een allesbehalve liberale overredingsstrategie, stelde de filosoof Bert van den Brink. De wens van Hirsi Ali dat moslimvrouwen geen hoofddoeken dragen, leidt in de politieke retoriek in feite tot vernedering van die vrouwen, en heeft als praktische consequentie dat verregaande beperkingen aan hen worden opgelegd in het openbare leven. Volgens Van den Brink berust publieke vrijheid op het in samenwerking met andere burgers bepalen welke vormen van inmenging we in ons privédomein dulden en welke niet. Maar grote groepen (vooral allochtone) burgers wordt geen politieke definitiemacht gegund, terwijl ze in toenemende mate het object zijn van autoritaire beslissingen. De 'vertrouwensvraag' tussen burger en politiek gaat uiteindelijk veel minder over het kiezen van de macht (de gekozen burgemeester en minister-president), dan over het medebeslissingsrecht van burgers over zaken die hun wezenlijk aangaan. Migrantenkiesrecht is geen cadeautje, maar een harde voorwaarde voor betrokkenheid van allochtone burgers bij de politieke maatregelen die hun vrijheid raken. Respect voor burgerlijke autonomie en emancipatie veronderstelt, met andere woorden, ook een politieke etiquette. Tot het tafelzilver behoren een principieel ontzag voor de democratische rechtsstaat en het besef daaraan dienstbaar te zijn. In plaats van macht te verzamelen, ontleent men het publieke gezag dan aan een maximale beperking van de eigen macht ten gunste van democratisering en medezeggenschap.

Je hoeft niet, zoals ik, verslaafd te zijn aan wekelijkse politieke peilingen, om ervan overtuigd te zijn dat een groot deel van de Nederlandse bevolking zijn bekomst heeft van het conservatisme en de angstpolitiek van de achtereenvolgende kabinetten-Balkenende en de regerende politieke partijen. De demonstratiebereidheid groeit, hoopgevende maatschappelijke initiatieven (zoals het filmproject *26.000 gezichten*, over uitgeprocedeerde asielzoekers of de gekleurde armbandenrage als protest tegen bijvoorbeeld armoede, geweld en discriminatie) ontstaan elke dag. Het '21-minutenonderzoek' onder 150.000 Nederlanders laat zien dat een meerderheid verlangt naar een meer ontspannen en sociale samenleving (www.21minuten.nl, voorjaar 2005).

Voor veel linkse politici is 'passie' een vies woord geworden, nu vooral rechts gepassioneerd inspeelt op burgerlijke angsten, en culturele tegenstellingen aanwakkert. In reactie verdedigen zij liever de kalme consensus van de overlegdemocratie. Bovendien ijlt de Fortuyn-revolte na in de voortdurende ridiculisering van progressieve en vrijzinnige idealen. Gevoelig voor de rechtse verwijten van politieke correctheid, dompelen linkse – in dit geval sociaaldemocratische – politici zich met graagte onder in koffiehuizen, en mijden zij het politieke conflict. Maar politiek en passie horen onverbrekelijk bij elkaar, en juist in dit tijdsgewricht, waarin angst en onzekerheid het toekomstperspectief van veel mensen in ons land beperken, is er behoefte aan de hartstochtelijke en optimistische verdediging van burgerlijke vrijheid en emancipatie.

Als de voortekenen niet bedriegen, kan dan een linkse lente doorbreken. Terugkeer naar het vrolijke, maar ook vrijblijvende idealisme van de jaren zeventig is geen optie. Maar sadder-and-wiser, en in de wetenschap deel uit te maken van een rijke traditie van emancipatie en bevrijding, is er geen beletsel voor een nieuw links en vrijzinnig hervormingsproject. De doorslaggevende voorwaarde is wel dat linkse politici zich bevrijden – misschien niet van hun kleren, maar wel van de ballast van onterecht berouw en valse bescheidenheid.

Kansen geven heeft een prijs

Over de vrijheidslievende linkse traditie

Toen ik gebeld werd door de JOVD met de mededeling dat ik verkozen was tot Liberaal van het Jaar, was mijn eerste gedachte – moet ik bekennen – dat mij een kunstje werd geflikt. Op zijn best was het een persiflage op alle 'beste ...'-lijstjes, waarop wij permanent worden getrakteerd. Op zijn slechtst werd mijn oud-linkse critici het bewijs geleverd dat moderne progressieve opvattingen vooral een 'verrechtsing' zouden zijn. Je kunt in gedachten Jan Marijnissen triomfantelijk horen snuiven.

Maar toen ik nog eens rustig nadacht, kon ik eigenlijk niet verzinnen waarom de Jongerenorganisatie Vrijheid en Democratie zich de moeite zou getroosten om mij een poets te bakken. Electoraal ben ik geen concurrent van de VVD: over het algemeen zijn GroenLinks- en VVD-stemmers onverzoenlijke tegenstanders die zelden tot nooit naar het andere kamp overlopen. Ik pas ook in dat polaire schema. Het enige waarover ik het meestal met VVD'ers eens ben, is dat wij het oneens zijn.

Zo bezien was er maar één conclusie te trekken en dat was dat niet mij, maar de VVD een kunstje wordt geflikt door haar onafhankelijke jongerenorganisatie. Waarom niet Van Aartsen of Wiegel gekozen tot Liberaal van het Jaar? Waarom niet

Hirsi Ali, die dit jaar op veel minder lijstjes voorkomt en best een opstekertje kan gebruiken? Waarom niet Verdonk gekozen, die bij een groot deel van de Nederlandse bevolking ongekend populair is? Waarom juist een heel uitgesproken tegenstander van haar? Het lijkt mij een niet mis te verstaan signaal aan de conservatief-liberalen in dit kabinet en in de Kamer, en ik bedank het bestuur van de JOVD daar heel hartelijk voor. Zoals ik – na rijp beraad – ook dankbaar ben dat ik mag treden in deze eerbiedwaardige traditie, waarin niet de minsten staan. Ik noem Aart Jan de Geus, ik noem Sybilla Dekker. Dit zijn conservatieve bestuurders voor wie ik als progressief en oppositioneel politicus een heilig ontzag heb, zeg ik ironisch.

Maar goed, nu even voldoende stekelige grappen. Ik ken de JOVD als een serieuze en levendige groep jonge mensen die houdt van het politieke debat en die het conflict niet schuwt. Ik veronderstel dat het bestuur goede inhoudelijke redenen heeft om mij te selecteren, en ik wil hen niet teleurstellen.

Een aantal jaren geleden merkte de socioloog en publicist Dick Pels op dat het de hoogste tijd was om het liberalisme van rechts te redden. Aanleiding was de dreigende schending van klassieke vrijheidsrechten (zoals de vrijheid van meningsuiting, van religie en organisatie) als gevolg van de strijd tegen de islam en de terrorismebestrijding. Migranten werden in toenemende mate behandeld als tweederangsburgers met een beperktere toegang tot klassieke en sociale rechten dan andere burgers. En onder invloed van de 'eigen-verantwoordelijkheidsdoctrine' van Balkenende en consorten werd een groeiende groep kansarme burgers aan zijn lot overgelaten.

In een aantal artikelen, en recent in het sociale manifest *Vrijheid eerlijk delen*, heb ik het vrijzinnige streven naar vrijheid van rechts geprobeerd te redden. De titel van het manifest *Vrijheid eerlijk delen*, waarnaar het bestuur van de JOVD ook verwijst, is niet willekeurig gekozen. Westerse democratieën zoals de onze mogen zichzelf pas – in thorbeckiaanse traditie – een liberale democratie noemen als zij erin slagen alle burgers in dezelfde mate toegang te geven tot sociaaleconomische en politieke vrijheid. Als burgers vrij van sociaaleconomische, culturele of politieke obstakels deel kunnen nemen aan het maatschappelijke en politieke verkeer.

De politiek filosoof Bert van den Brink noemt dat in een bijdrage aan een recent boek van ons wetenschappelijk bureau 'publieke vrijheid'. Hij bedoelt daarmee dat vrijheid pas een publiek goed (of een gedeeld goed is) is als alle burgers gelijkwaardig en vrij kunnen deelnemen aan de besluitvorming over hun eigen lot en over het algemeen belang.

Het behoeft weinig betoog dat hiervan in onze samenleving geen sprake is. Ten eerste zijn, door sociale afkomst, door klasse, milieu en opleidingsniveau, veel mensen beperkt in hun beroepskeuze, hun financiële omstandigheden en hun emancipatiekansen. Armoede is onvrijheid in de meest letterlijke zin van het woord. Onvoldoende geld om je gezondheid te beschermen, je kinderen kansen te bieden en jezelf te kunnen ontwikkelen of bevrijden uit uitzichtloosheid mag niet worden gerelativeerd, zeker niet door vrijheidsminnende liberalen.

Culturele herkomst, culturele tradities, maar ook achterstelling, discriminatie en uitsluiting beperken, ten tweede, veel migranten en allochtonen in hun vrijheid zichzelf te mogen zijn, en in hun vrijheid om te mogen integreren (we vergeten nog wel eens dat integratie een recht is, veel meer dan het een plicht is).

Daarbij leidt, ten derde, de introductie van nieuwe repressieve bevoegdheden, samen met het wegvallen van rechtsstatelijke waarborgen, tot de selectieve achterstelling van groepen mensen. De bijna ongeclausuleerde bevoegdheid tot preventief fouilleren, de uitgebreide toepassing van de identificatieplicht, de 'Rotterdamwet', die vrije vestiging beneden bepaalde inkomensgrenzen verhindert, beperken onevenredig de vrijheid van jongeren, bewoners van achterstandswijken, migranten en dan in het bijzonder moslims.

In onze samenleving is vrijheid, met andere woorden, een schaars goed dat vooral toevalt aan Nederlandse autochtone burgers die wat ouder zijn, die bemiddeld zijn, beter zijn opgeleid en mondig zijn, en die zich vrijwillig bewegen binnen de benauwde burgermansmoraal van het kabinet-CDA-VVD. Alle anderen hebben in toenemende mate te maken met beperking van hun vrijheid. En de VVD werkt daar – helaas – enthousiast aan mee. Wat te denken bijvoorbeeld van het initiatief van de VVD'er Weekers om buiten blowen te verbieden? De opmerkingen in de VVD-integratienota dat een allochtoon pas goed is geïntegreerd als hij juicht voor het Nederlands elftal, of de voorstellen van Ayaan Hirsi Ali om de staat de opvoeding te laten overnemen van kansarme, allochtone ouders. En dan zijn dit nog willekeurige binnenlandse voorbeelden en heb ik het niet over het gedogen van de Amerikaanse martelpraktijken in Guantánamo Bay en in de beruchte Amerikaanse gevangenis in Kabul, Afghanistan.

Ik vind het niet acceptabel dat vrijheid een schaars goed is en dat, als dit kabinet doorgaat en zijn zin krijgt, vrijheid van velen zelfs schaarser wordt.

Het bestuur van de JOVD veronderstelt dat GroenLinks zich hiermee losmaakt van zijn wortels. Als je nagaat dat een van de voorlopers van GroenLinks de CPN is, dan zijn we inderdaad van ver gekomen. Maar met mijn opvattingen over gedeelde vrijheid keer ik juist terug naar de wortels van het GroenLinks, dat meer dan tien jaar geleden is opgericht. In ons beginselprogramma staat het begrip 'sociale vrijheid' centraal. Dat wil zeggen, 'de gelijke kans voor ieder individu om zich te kunnen ontplooien, zonder dat de vrijheid van anderen of van toekomstige generaties wordt aangetast'. En in ons beginselprogramma wordt uitdrukkelijk geconcludeerd dat GroenLinks zich hiermee plaatst in de vrijheidslievende tradities van links. Met andere woorden: als er een ommezwaai heeft plaatsgevonden, dan was dat bij de oprichting van het moderne GroenLinks. Wat niet wegneemt dat het publieke beeld van GroenLinks lang anders is geweest en dat ik de publieke erkenning van GroenLinks als linkse vrijheidslievende partij wel onbescheiden op mijn conto schrijf.

Wat betekent die vrijheidslievende linkse traditie, waartoe ook de JOVD zich kennelijk voelt aangetrokken, nou eigenlijk? De inmiddels overleden essayist, beroemd anarchist en P.C. Hooftprijs-winnaar Arthur Lehning vatte dit ooit mooi samen: 'Als vrijheid het hoogste goed is, dan heeft iedereen er recht op, dat wil zeggen dat er gelijkheid van vrijheid moet bestaan. Nu mag iedereen dan volgens de mensenrechten vrij zijn, het komt erop aan ook van de vrijheid gebruik te kunnen maken.'

Genoeg abstracties nu – de vraag is natuurlijk wat dit betekent voor praktische politiek. Als je vindt dat er gelijkheid van vrijheid moet zijn, dan kun je armoede niet accepteren. Je kunt het ook niet, onder een verwijzing naar de derde wereld, relativeren. Het is een klap in het gezicht van honderdduizenden mensen dat Gerrit Zalm, die zelden over de rand van zijn huishoudboekje kijkt, nu het buitenland er met de haren bij sleept om hun misère te bagatelliseren. Armoede in Nederland is achterstand, is kansarmoede. Armoede betekent minder kansen voor je kinderen, betekent het gevaar van overdracht naar volgende generaties, betekent onderklassenvorming, erfelijk bepaalde onvrijheid.

Nederland kent – volgens een schatting van minister De Geus – op korte termijn 2 miljoen kansarmen. Dat zijn vooral laagopgeleide jongeren, alleenstaande moeders, allochtonen en gedeeltelijk arbeidsongeschikten. Zij dreigen de outsiders van onze samenleving te worden: arm, omdat zij tot bijstand of arbeid op het allerlaagste inkomensniveau veroordeeld zijn; perspectiefloos, omdat zij vaardigheden en emancipatiekansen missen. Bij hen is er een groot vrijheidstekort, en bestaat in een liberale democratie de dure opgave hen te bevrijden.

Daarover gaat het manifest *Vrijheid eerlijk delen*, met voorstellen variërend van inkomensnivellering, de invoering van een gedeeltelijk basisinkomen voor werkenden, het goedkoper maken van arbeid, afschaffing van de bijstand in ruil voor participatiecontracten op minimumloonniveau en verandering van het ontslagrecht. Als je outsiders kansen wilt geven, vrijheid wilt geven, dan heeft dat een prijs. En die prijs komt terecht bij de beter bemiddelde werknemers. Goudgerande ontslagregelingen zijn fijn als je er toegang toe hebt, maar ze benadelen de outsiders. Wil je toegang tot de ww hebben, dan moet je ongeveer vijftien jaar voor dezelfde baas hebben gewerkt; als je beter hebt verdiend, krijg je ook meer geld. vut-regelingen, de wao, levensloopregelingen bevoorrechten vooral de hogere inkomens, terwijl de toegang tot de arbeidsmarkt en het maatschappelijke leven voor een groeiende groep outsiders belemmerd blijft. Geld dat we hard nodig hebben voor vooral onderwijs voor outsiders, gaat hierdoor bovenmatig naar de inkomenszekerheid van de mensen die het over het algemeen al goed hebben.

Tot de jovd mij ontdekte, moest de vvd niet zoveel van deze GroenLinkse plannen hebben. Woorden als 'staatsdirigisme' vielen, en vooral vindt men de gedachte dat de vrijheid van de meest kansrijke landgenoten wel iets minder kan worden gesubsidieerd (door de pensioen- en hypotheekrenteaftrek te beperken), zacht gezegd afschrikwekkend. Bij de

VVD geldt, in ieder geval tot vanavond: vrijheid eerlijk delen? Oké, maar ikke wel ietsje meer dan jij. Het zou een fantastisch perspectief bieden als de JOVD afstand neemt van deze conservatieve opvattingen waardoor de oneerlijke verdeling van vrijheid in stand blijft.

Dat de VVD mij bekritiseerde, lag in de lijn van de verwachting. Maar dat mijn linkse broeders, Marijnissen en Bos, zich er met gemakzuchtige oneliners van afmaken, is verontrustend. Zeker aangezien zij zelf geen nieuwe plannen hebben om de groeiende armoede te verminderen en outsiders werkelijk perspectief te geven. Nu kun je van Marijnissen nog zeggen dat het past bij de SP-habitus van altijd nee zeggen, zelfs al leidt dat ertoe dat de SP nu vooral de weinig sociale politiek van Paars verdedigt.

Maar van Bos, zeker nu hij de ambitie heeft om premier te worden, mag je toch verwachten dat hij beter kan. Het is echter niet Bos, maar premierskandidaat Job Cohen die de eer te beurt valt armoede terecht in zijn nieuwjaarstoespraak te hebben geagendeerd. En het is misschien ook niet toevallig dat hij daarbij uitgebreid naar GroenLinks verwijst, aangezien zijn eigen partij hem weinig ideeën aanreikt. GroenLinks heeft een nieuw fundament gelegd voor een progressief kabinet dat de verzorgingsstaat moderniseert en de vrijheid eerlijker deelt. Ik roep Bos en Marijnissen op hierop voort te bouwen, of om met een beter en concreet alternatief te komen.

Kort en goed. Ik dank het bestuur voor de toekenning van deze prestigieuze titel. Het betekent voor mij dat de JOVD, anders dan de moederpartij, sociale vrijheid centraal stelt en een progressief kabinet wel degelijk een wenkend perspectief vindt. Ik hoop dat deze ommezwaai duurzaam is.

Thuis met de kinderen: geen luxe, maar armoe

Over nieuw elan in de vrouwenemancipatie

Annie Romein-Verschoor is voor mij geen onbekende. Mijn moeder las, toen ik opgroeide, met grote regelmaat en passie haar werk. Zij mocht daar ook graag uit citeren. Mijn moeder, een huisvrouw die in de jaren zeventig (toen mijn broer en ik ruimschoots op de lagere school zaten) voorzichtig de arbeidsmarkt betrad, voelde zich aangesproken door Romein-Verschoors realistische feminisme. Mijn moeder had weinig op met bh-verbrandingen en verheerlijking van de lesbische liefde om politieke redenen. Zij was zich wel heel bewust van de last van de 'dubbele roeping' voor vrouwen (van zorg en arbeid), zoals Romein-Verschoor dat zo mooi omschreef.

In zekere zin is Romein-Verschoor dus een heldin van mijn jeugd. Overigens was mijn moeders eerste herinnering, toen ik haar van deze lezing vertelde, een heel andere. Als meisje kreeg zij geschiedenisles aan de hand van de boeken van Jan Romein. Haar vader, een onberispelijke verzekeringsagent, was daarover heel verontwaardigd. Jan Romein was een communist, en jonge, fatsoenlijke meisjes mochten daaraan niet worden blootgesteld. Zijn telefonades met de meisjes-hbs daarover haalden echter niets uit, en mijn moeders liefde voor het echtpaar Romein-Verschoor bloeide door.

Annie Romein-Verschoor was een nuchtere feministe die streed tegen de 'mentale en materiële achterstelling' van vrouwen, zonder zich te verliezen in de feministische modes van haar tijd. Dat zij op hoge leeftijd toch een boegbeeld werd van de feministische beweging in de jaren zeventig, was meer haars ondanks dan bewust nagestreefd. Ik wil deze lezing graag in haar traditie plaatsen door een nuchtere en feitelijke verkenning van de situatie van veel Nederlandse vrouwen.

Volgens een voor-vorige minister van Sociale Zaken, CDA-minister De Geus, is de emancipatie van vrouwen zo goed als voltooid. Hoewel hij daarmee ook protest ontlokte, verwoordde hij een breed levende gedachte die ook in toenemende mate onder vrouwen beluisterd kan worden. De redenering is dan ongeveer zo. Vrouwen hebben voldoende keuzevrijheid gekregen. Dat zij in grote meerderheid kiezen voor deeltijdbanen in combinatie met de zorg voor kinderen is juist een teken van die vrijheid, en daarover moet verder niet worden gezeurd.

Wat er nog over is van een feministische beweging in Nederland, concentreert zich vooral op het glazen plafond voor vrouwen aan de top. Het felste debat gaat ook niet meer over achterstelling, maar over de mentaliteit van vrouwen zelf. Zoals NRC-columniste Heleen Mees het samenvat: 'Hoogopgeleide vrouwen zijn gemakkelijke keuzefeministen die genoegen nemen met inferieure baantjes.' Lijnrecht tegenover haar staat Elsevier-journaliste Marieke Stellinga, die even eloquent beweert dat 'vrouwonvriendelijke feministen het fabeltje hebben verzonnen dat vrouwen hetzelfde willen als mannen'. Oftewel: vrouwen zijn domweg gelukkig met de keuzes die zij maken, namelijk kleine deeltijdbanen, en hou op ze te betuttelen.

Beide vrouwen – die ik hier aanhaal als prototypen van twee uiterste posities – veronderstellen dat vrouwen in Nederland volledige vrij zijn en goede óf verkeerde keuzes maken. Zonder de eigen verantwoordelijkheid van vrouwen teniet te willen doen, is dit een elitaire en naar binnen gekeerde discussie die meer zegt over de maatschappelijke positie van de betrokken bevoorrechte vrouwen dan over Nederlandse vrouwen in het algemeen.

Mijn stelling is dat het met veel vrouwen in Nederland niet goed, of niet goed genoeg gaat, en dat dit een verwaarloosd maatschappelijk probleem en emancipatieprobleem is. Armoede en kansarmoede concentreren zich onder vrouwen; financiële en emotionele afhankelijkheid zijn eerder regel dan uitzondering. Bij veel vrouwen is ook geen sprake van keuzevrijheid, maar eerder van keuzedwang.

Om die stelling te onderbouwen moet ik u eerst een aantal cijfers geven. Van de 10 procent hoogste inkomens in Nederland is 85 procent man. De laagste inkomensgroepen in Nederland bestaan voor tweederde uit vrouwen. Rijke mensen zijn veelal man en helaas is het omgekeerde ook waar: arme mensen zijn vaker vrouw. Armoede komt het meest voor onder jonge alleenstaande moeders in de bijstand. Bijstandsmoeders lopen het grootste risico op langdurige armoede.

Zoals u allen weet, gaat armoede niet alleen over het bij elkaar schrapen van dubbeltjes of de eindjes aan elkaar knopen. Arme mensen zijn dikwijls ongezonder, zij hebben een kortere levensverwachting, wonen beroerder en hebben minder sociale contacten. Armoede leeft ook dikwijls voort van generatie op generatie, en heeft grote invloed op de ontwikkeling en opleiding van kinderen. In het rijke Nederland groeien 310.000 kinderen op in armoede, voor een belangrijk deel bij alleenstaande moeders.

Hier staat tegenover dat een toenemend aantal vrouwen een eigen inkomen heeft. Door loon of een uitkering heeft 84 procent van de vrouwen inmiddels zelf geld, tegenover

97 procent van de mannen. Maar het gemiddelde inkomen van vrouwen is nauwelijks de helft van dat van mannen. Vrouwen verdienden in 2006 gemiddeld 18.000 euro per jaar, mannen 33.000 euro.

Hoewel vrouwen dus wel vaker een inkomen hebben, is maar een minderheid van hen economisch zelfstandig. Economisch zelfstandig ben je namelijk als je jaarlijks 70 procent verdient van het wettelijk minimumloon. Dat is 13.000 euro bruto; netto is het 11.000 euro – bepaald geen vetpot. Maar 45 procent van de Nederlandse vrouwen verdient jaarlijks meer dan 11.000 euro en mag daarmee economisch zelfstandig worden genoemd. 55 procent van de Nederlandse vrouwen is voor een leefbaar inkomen – en daarmee voor de zekerheid van verzekeringen, van pensioenopbouw en voor het garanderen van de welvaart van hun kinderen – afhankelijk van een partner.

Bovendien zijn dit gemiddelden van alle vrouwen. Als je onderscheid maakt naar opleidingsniveau, dan zie je dat vooral laagopgeleide en oudere vrouwen in armoede en werkloosheid leven. Van de vrouwen die alleen basisonderwijs hebben gehad, werkt slechts een kwart, tegenover 50 procent van de mannen.

Nog somberder worden de cijfers als je onderscheid gaat maken naar etniciteit. Van de Turkse en Marokkaanse vrouwen in Nederland heeft ongeveer de helft alleen basisonderwijs gevolgd. Waar 84 procent van alle vrouwen enig inkomen heeft, geldt dat slechts voor 22 procent van de Turkse vrouwen en 28 procent van de Marokkaanse vrouwen. Dat betekent dat de uitkeringsafhankelijkheid onder hen ook veel minder groot is, maar dat driekwart van hen helemaal geen eigen geld heeft; zij zijn volledig afhankelijk van hun partner. Daar kun je bovendien bij optellen dat van de kleine minderheid aan Turkse en Marokkaanse vrouwen dat enig eigen inkomen heeft, maar 20 procent meer verdient dan 11.000 euro netto per jaar. Slechts een fractie van de Turkse en Marokkaanse vrouwen is dus economisch zelfstandig.

Vaak worden sombere verhalen over de positie van Turkse en Marokkaanse vrouwen afgezet tegen het succes van veel jonge allochtone meiden. Dat is maar ten dele terecht. Turkse en Marokkaanse meiden lopen hun achterstanden in het onderwijs inderdaad in, maar er bestaan nog aanzienlijke verschillen. In 2008 ging 22 procent van de Turkse en 23 procent van de Marokkaanse meiden naar havo/vwo, tegenover 50 procent van de autochtone meiden.

Tot zover de cijfers. Nu wordt tegenover dit soort deprimerende getallen dikwijls het verweer in stelling gebracht dat het in werkelijkheid wel meevalt met de armoede onder vrouwen: zij leven samen met een man die wel een groter inkomen inbrengt. Dat is het zogenaamde anderhalfverdienersmodel, waarmee Nederland internationale roem heeft vergaard. Dat klopt inderdaad voor een groot aantal vrouwen, maar het neemt niet weg dat dit een lui en ongeïnteresseerd verweer is. Eigenlijk is het een excuus om de positie van vrouwen zo te laten als ze is, en dat is voor mij niet aanvaardbaar.

Ik heb daarvoor twee redenen.

Inmiddels strandt in Nederland één op de drie huwelijken. Onder samenwonenden ligt dit zelfs nog hoger; daar loopt naar schatting 40 procent van de relaties voortijdig spaak. Een deel van de vrouwen die nu niet werkt, of in een kleine, slecht betaalde deeltijdbaan waardoor zij niet economisch zelfstandig zijn, wordt dus na een echtscheiding geconfronteerd met een forse daling van het inkomen. Alimentatieregelingen compenseren dit maar gedeeltelijk, en aangezien zij vaak eerste opvoeder zijn, trekken deze gescheiden vrouwen hun kinderen ook mee in armoede.

Bovendien, ook als er geen sprake is van een echtscheiding, is de gemakzuchtige verwijzing naar het anderhalfverdienersmodel, naar het inkomen van de man, kwalijk. Vanzelfsprekend kan een vrije vrouw die ervoor kiest om thuis te blijven bij de kinderen, geen strobreed in de weg worden gelegd. Alleen, al te gemakkelijk wordt verondersteld dat al deze vrouwen een vrije keuze maken. Het zijn vooral de vrouwen met lage opleidingen en nauwelijks werkervaring die geen inkomen hebben, of een heel laag inkomen. Zij hebben ook vaak slechte toegang tot de arbeidsmarkt, en als zij die wel hebben, dan is het werk dat zij kunnen doen heel onaantrekkelijk. De keuze om thuis te blijven bij de kinderen is dan veel minder vrij dan het lijkt. Oftewel: keuzevrijheid bij laagopgeleide en kansarme vrouwen is een fictie. En als dit luxefeministen onvoldoende overtuigt, dan is het goed om de privésituatie en maatschappelijke omstandigheden van veel Turkse en Marokkaanse vrouwen eens grondig te bestuderen. Dikwijls door de vrouwen zelf, maar ook door hun mannen en de gemeenschappen, wordt werk voor vrouwen nog beschouwd als oneervol en vernederend. De keuze om thuis te zijn, niet te werken en voor de kinderen te zorgen komt vaak voort uit sociale druk en culturele en religieuze tradities. Van een echt vrije keuze is dan geen sprake.

Kortom, het gemak waarmee de financiële afhankelijkheid van vrouwen wordt gebombardeerd tot een vrije keuze waarmee anderen zich niet hebben te bemoeien, is een vorm van elitair luxedenken. Voor te veel vrouwen in Nederland, autochtoon én allochtoon, gaat het wel om een gedwongen keuze die het gevolg is van slechte opleidingen, een gebrek aan kansen en ouderwetse rolpatronen.

In de vrouwenbeweging is het besef van de noodzaak van economische zelfstandigheid van vrouwen heel lang dwingend aanwezig geweest. Pas de laatste jaren maakt dit onder een aantal vooraanstaande vrouwen – nu van een werkelijke vrouwenbeweging geen sprake meer is – plaats voor de gedachte dat vrouwen 'zelf verantwoordelijk zijn voor hun toekomst, en ook voor het gebrek eraan'.

Niet alleen komt mij dit vreemd en niet-solidair voor jegens de vrouwen die het minder hebben getroffen, de luxefeministen lijken ook te miskennen dat ons in de toekomst grote arbeidstekorten wachten. Naar schatting zijn er in 2025 470.000 extra werknemers nodig in de zorg, terwijl de beroepsbevolking in die periode slechts stijgt met 20.000 arbeidskrachten. Ook in het onderwijs worden grote tekorten verwacht, waar op dit moment een kwart van de werknemers boven de 50 jaar is.

De vrouwenbeweging heeft in het verleden, net als overigens mijn partij GroenLinks, altijd gepleit voor een ontspannen arbeidsmarkt, waarin iedereen redelijke uren (veelal in grotere deeltijdbanen) werkt. Ik streef niet na dat alle vrouwen en alle mannen fulltime gaan werken. Ik streef na dat elk mens in Nederland – ongeacht het samenlevingsverband – door in ieder geval een grotere én beter betalende deeltijdbaan zelfstandige financiële en maatschappelijke keuzes kan maken.

Als de arbeidsparticipatie onder vrouwen zo dramatisch laag blijft als zij nu is, dan zal de toenemende hoeveelheid werk zich concentreren onder de partners die veelal al fulltime werken. Als daarbij slechts een minderheid van de vrouwen economisch zelfstandig blijft, zoals nu het geval is, zal door het gebruik van uitkeringen – bijvoorbeeld door een toenemend aantal echtscheidingen – de verzorgingsstaat onbetaalbaar worden. Dan is het ook realistisch om te veronderstellen dat armoede, meer nog dan nu, een vrouwenprobleem wordt.

Er is dus een belangrijke economische reden waarom de overheid vrouwenemancipatie opnieuw ter hand moet nemen en kritisch moet zijn over de ongelijkheid tussen mannen en vrouwen die nog steeds uit veel regelingen voortkomt. Dit betekent dat paal en perk wordt gesteld aan ongelijke beloning van mannen en vrouwen, dat de aanrechtsubsidie verdwijnt, die vooral vrouwen aanmoedigt om thuis te blijven, en dat alleenstaande moeders wel degelijk een sollicitatieplicht krijgen; thuis mogen blijven met je kinderen en een bijstandsuitkering is namelijk geen luxe, het is armoede. Het betekent ook dat deeltijdarbeid beter betaald moet worden, dat de kinderopvang goed en betaalbaar is en dat er uitgebreide verlofregelingen zijn voor vrouwen én voor mannen en dat deze ook toegankelijk zijn voor lage inkomens.

Maar voor deze lezing belangrijker dan de economische effecten is wat sociale en economische achterstand voor de betrokken vrouwen zelf betekent. Vrijheid is ook in een rijk land als Nederland nog altijd ongelijk verdeeld. Bij een hoger inkomen, bij een betere opleiding is de vrijheid om je eigen leven naar believen in te richten over het algemeen groter. Kansarme mannen zijn vaak onvrijer in de keuzes die zij kunnen maken dan kansrijke mannen. Veel autochtonen kennen door hun geboorteplek en hun startpositie in het leven een grotere keuzevrijheid dan allochtonen. Veel mannen zijn vrijer dan vrouwen, en kansrijke vrouwen hebben veel meer keuzemogelijkheden dan kansarme vrouwen.

Behalve voor nieuw politiek emancipatie-elan pleit ik ook voor hernieuwde, feministische solidariteit. De vrouwenemancipatie was niet afgerond toen voor kansrijke meisjes de universiteitsdeuren opengingen en zij hun plek op de arbeidsmarkt konden gaan vinden. Achter hen, en op grote afstand, zijn er veel kwetsbare meisjes en vrouwen, die door een gebrek aan opleiding, door oude rolpatronen en culturele en religieuze tradities weinig perspectief hebben en soms noodgedwongen in financiële afhankelijkheid leven.

Toen ik opgroeide, zei mijn moeder vaak tegen mij dat het een vergissing is om te denken dat emancipatie leuk of gemakkelijk is. Ik denk dat zij daarbij geïnspireerd was door de werken van Annie Romein-Verschoor. Inderdaad kan het voor veel, vooral bevoorrechte vrouwen gemakkelijk en een luxe zijn om ervoor te kunnen kiezen om thuis te blijven bij hun kinderen. Ik bestrijd dat zij daar verstandig aan doen – om maatschappelijke redenen en met het oog op hun eigen toekomst. Maar voor mij is het onverteerbaar dat we wegkijken bij de achterstand en achterstelling van vooral laagopgeleide en kansarme vrouwen onder verwijzing naar de 'eigen verantwoordelijkheid' en hun 'keuzevrijheid'. Hun emancipatie, hun groei naar economische en sociale zelfstandigheid, is niet gemakkelijk. Die is zelfs heel weerbarstig. Maar ze is noodzakelijk, en ze vergt onze solidariteit.

OVER HET VRIJE WOORD

Niet zomaar alles schreeuwen wat je denkt

Over de vrijheid van meningsuiting

Lezing van uw boeken, meneer Dalrymple, is voor mij een dubbelzinnig genoegen. Ik geniet van uw eruditie en scherpzinnige analyses, vooral over de armoedecultuur in de onderklassen. Tegelijkertijd – en dat zal u niet verbazen – heb ik moeite met de oplossingen die u voorstaat. Zeker daar waar ze treden in de elementaire vrijheden die ook de allerarmsten toekomen.

Over vrijheid spreken wij vanavond. In uw toespraak complimenteert u Amsterdam als de geboorteplaats van intellectuele vrijheid als politiek ideaal. Terecht verwijst u naar Spinoza, die de stad intens liefhad, juist vanwege de grote vrijheid die elke burger toekwam. Interessant overigens is dat Spinoza zelf als belangrijkste verklaring voor de grote burgerlijke vrijheid de vrijhandel gaf. Het stadsbestuur ging bijvoorbeeld omzichtig om met godsdienstverschillen en -twisten en verzoende deze als het nodig was, om te voorkomen dat een conflict de handel zou schaden. Ook bemoeide het bestuur zich niet met de besteding van geld of met levensstijlen, omdat ook dan de koopman geschaad kon worden.

Met enige fantasie zou je kunnen stellen dat het moderne Amsterdam, waar uw jonge landgenoten genieten van de vrije verkoop en handel in cannabis, past in Spinoza's opvatting van vrijheid. Maar ik betwijfel of u dit bedoelde toen u Spinoza aanhaalde.

Net zoals in uw land is er de afgelopen jaren grote kritiek geweest op de cultuur van politiek-correctheid, vooral in linkse kring, die een open debat in de weg stond. De problemen met de multiculturele samenleving werden verhuld en degenen die er wel indringend aandacht voor vroegen, werden gemakkelijk uitgestoten als racisten. Ik vind deze kritiek op de politiek-correctheid terecht. Het dieptepunt was wellicht het cordon sanitaire rond de extreem-rechtse politicus Janmaat, en de aanslag die zijn vrouw voorgoed gehandicapt maakte, maar die nooit goed door de politie is onderzocht. Ik ben er trots op dat het een groene parlementariër was, Peter Lankhorst, die het cordon als eerste doorbrak.

De afgelopen jaren is de linkse politiek-correctheid vrijwel uit het politieke en publieke debat verdwenen. Dat kan in belangrijke mate op het conto worden geschreven van de vermoorde Pim Fortuyn, die roem vergaarde met de uitspraak: 'Ik zeg wat ik denk en ik doe wat ik zeg.' En daar hartstochtelijk uiting aan gaf.

Inmiddels heeft de rechts-populistische politicus Geert Wilders zitting genomen in het parlement, en hij laat niets meer ongezegd. Tijdens een Kamerdebat stelde hij onder meer: 'Wij importeren vliegtuigladingen vol analfabeten uit het Marokkaanse Rifgebergte en het Turkse Anatolië, maar ook ontelbare Polen, Roemenen en Bulgaren die naar Nederland komen (...) om hier gebruik te maken van onze uitkeringen, scholen, ziekenhuizen en woningen. Een ramp voor Nederland.' Je kan wel zeggen dat het vrije woord in het parlement, in al zijn ruwe en grove generalisaties, hiermee nieuwe hoogtepunten beleeft.

Maar is met het verdwijnen van de linkse politiek-correctheid ook de tolerantie toegenomen jegens andersdenkenden, jegens meningen die je afkeurt? Naar mijn mening niet. Degenen die onverbloemd en hard religiekritiek uitoefenen, of publiekelijk van het islamitisch geloof afvallen, worden in toenemende mate met de dood bedreigd. Tegelijkertijd klagen leden van etnische en religieuze minderheden erover dat zij steeds minder vrij zijn zich te uiten. Veel moslims hebben het gevoel dat hun godsdienst onophoudelijk in een kwaad daglicht wordt gesteld en dat vooral islamitische orthodoxie op één lijn wordt gesteld met terrorisme. Velen vrezen of ervaren sociale uitstoting. Laat ik een extreem, maar illustratief voorbeeld geven. In Den Haag heeft een salafistische imam over een vooraanstaande columnist, Afshin Ellian, gezegd dat hij een 'kwaadaardig gezwel' is. Een weerzinwekkende en bedreigende uitspraak.

Parlementariërs eisen nu van de regering dat de man zijn Nederlanderschap wordt ontnomen en wordt uitgezet. Daarbij wordt niet in aanmerking genomen dat de imam reageerde op de columnist Ellian, die eerder had geschreven dat het salafisme met wortel en tak moet worden uitgeroeid. Ellian speelt niet op de persoon, wat niet wegneemt dat salafisten deze uitspraak ook als weerzinwekkend en bedreigend zullen ervaren. Maar geen politicus zal de columnist zijn vrijheid van spreken willen ontnemen, laat staan zijn Nederlanderschap. Terecht overigens, want ook uitspraken die weerzin oproepen, hebben recht van bestaan. Zoals u het verwoordt: 'Without disapproval there can be no tolerance.'

Het gaat mij hier om de selectieve verontwaardiging en de verstrekkende gevolgen die worden verbonden aan de weerzinwekkende uitspraken van de een, terwijl de uitspraken van de ander ongemoeid worden gelaten en zelfs op bijval kunnen rekenen.

Mijn eerste kanttekening bij uw stelling dat de vrijheid in Amsterdam en in Nederland is toegenomen, is dan ook dat de politiek-correctheid niet is verdwenen, maar dat deze zich heeft verplaatst. Riskeerde je vroeger het etiket 'racist' als je uitspraken deed die de goegemeente niet bevielen, nu riskeer je dat je een fundamentalist of terrorist wordt genoemd of dat je met de dood wordt bedreigd. Dat lijkt mij niet echt een verbetering.

En dan mijn tweede kanttekening. Interessant is dat u niet spreekt over de vrijheid van meningsuiting, maar over intellectuele vrijheid en de vrijheid van onderzoek. Dat is een meeromvattend begrip en veronderstelt ook een actieve, nieuwsgierige en onderzoekende houding van degene die de vrijheid benut. Het is het vermogen om openlijk het eigen gelijk, én de dogma's die door anderen of van hogerhand worden verkondigd, te durven betwijfelen.

In Nederland heeft de discussie over politiek-correctheid ertoe geleid dat er geen grenzen meer worden geaccepteerd aan opmerkingen die voorheen als kwetsend of onnauwkeurig werden ervaren. Sterker, hoe harder het gelijk geformuleerd, hoe luider dat gelijk verkondigd, hoe groter het vertoon van burgerlijke moed. Zeker als die uitspraken worden gedaan onder bedreiging met de dood, valt degene die ze doet gemakkelijk een heldenstatus ten deel.

Je ziet dat vooral politieke populisten er profijt van hebben dat 'alles kunnen schreeuwen wat je denkt' een deugd is geworden. Naar mijn idee zet de verabsolutering van de vrijheid van meningsuiting twee essentiële waarden van de democratische samenleving onder druk. Om te beginnen: bij de vrijheid van meningsuiting hoort ook de vrijheid van intellectuele twijfel, en de vrijheid om het waarheidsgehalte van uitspraken aan een permanent, kritisch onderzoek te onderwerpen. In een publieke en politieke cultuur waarin het hoogste woord ook al snel het laatste woord is, boeten twijfel en waarheidsonderzoek aan populariteit in.

En bovendien: als het eigen gelijk, het eigen vrije woord wordt verabsoluteerd, dan wordt een dialoog met andersdenkenden moeilijk. Een werkelijk democratisch debat kan alleen plaatsvinden als de deelnemers eraan zich willen verplaatsen in de – zelfs afkeurenswaardige – argumenten van de ander.

Mijn indruk is dat de waarden van 'openlijk twijfelen aan het eigen gelijk' en 'je kunnen verplaatsen in de ander' in Nederland – of in Amsterdam – niet heel erg in de mode zijn.

Zoals Franklin D. Roosevelt ooit opmerkte in zijn Four Freedoms-lezing, kan echte vrijheid alleen bestaan als mensen gevrijwaard worden van angst. Zolang mensen bang zijn om uitgestoten, weggehoond of zelfs uitgezet te worden omdat ze weerzinwekkende meningen hebben in de ogen van anderen, of er simpelweg niet naar hen geluisterd wordt, dan zijn we niet vrij genoeg.

Vingeroefeningen in burgermoed

Over dapperheid in alledaagse omstandigheden

We gaan 67 jaar terug in de tijd. Het is koud. Het ijs op de sloten is zo dik dat de Elfstedentocht een paar weken daarvoor voor de zevende keer is gereden. Even leek het erop dat die niet mocht doorgaan. Bang dat de schaatsers zouden demonstreren als verzet tegen de Duitse machtsovername. Maar dat verzet bleef uit.

Nog kouder werd het op 22 en 23 februari. En dat kwam niet door het zakken van de temperatuur. Het klimaat werd vooral ijzig na de eerste razzia's in Amsterdam. 425 onschuldige joodse mannen werden gedeporteerd naar een concentratiekamp. Zij moesten boete doen voor de eigenaren van ijssalon Koco, die zich niet zomaar lieten oppakken door de nazi's.

Wat doe je als jouw stad en jouw land in handen vallen van een bezetter? Als je buurman David wordt opgepakt omdat hij joods is? Verontwaardigd en woedend zul je zijn. Maar heb je ook de moed om in opstand te komen? Met de kennis dat jou misschien hetzelfde lot staat te wachten als David?

Twee mannen hadden de moed: Willem Kraan en Piet Nak. Twee individuen wie het lukte duizenden mensen te mobiliseren tegen een misdadig regime. Door hen staan we 67 jaar later hier. En herdenken we de staking die zij in gang hebben gezet.

Het is veel makkelijker om moedig te zijn in tijden van vre-

de. Ik heb, zoals zovelen, denk ik, mezelf vaak de vraag gesteld: zou ik de moed hebben gehad? Zou ik zijn opgestaan tegen de nazi's? Zou ik met gevaar voor eigen leven – of nog erger, het leven van mijn kinderen – in verzet hebben durven
komen tegen gewelddadige overheersers? Zou ik net als Willem Kraan en Piet Nak en al die anderen die samen met hen
protesteerden, van zo'n 'ongehoorde opstandigheid' hebben
durven getuigen, zoals Geert Mak het eens verwoordde?

Ik hoop het. Maar de eerlijkheid gebiedt te zeggen – en die
eerlijkheid moet, denk ik, iedereen betrachten die nooit oor-
log heeft gekend – dat ik het niet weet. Ik weet niet of ik de
moed heb om mijn leven te riskeren, simpelweg omdat ik nog
nooit voor zo'n moeilijk, je leven definiërend moment heb gestaan.

Elke ochtend breng ik mijn kinderen naar hun basisschool
in de Amsterdamse Transvaalwijk. En elke ochtend bots ik op
de gedenksteen in de centrale hal waarop staat: 'Ter herinnering aan de 152 Joodse kinderen die in 1943 van de school zijn
gedeporteerd.' Ik hoef u niet uit te leggen dat dit betekende
dat de hele school werd leeggehaald.

Elke ochtend dwingt die steen me om me te bezinnen. En
elke ochtend verwonder ik me. Over de zeven wonderlijke levens van een school. De school van mijn kinderen is een
zwarte school – zoals dat in de volksmond heet. Het is vooral
een grotestadsschool en een achterstandsschool.

Ik verwonder me over de vitaliteit van onze samenleving,
hoe zij zich heeft hersteld na de verschrikkelijke oorlogsjaren.
Ik verwonder me ook over de hardnekkigheid van problemen
en conflict die onvergelijkbaar zijn met de gruwelijkheid van
de oorlogsjaren, maar wel ernstig, in tijden van vrede en voor-
spoed.

Ik verwonder me over de segregatie. Over de opeenstape-
ling van culturele achterstand, armoede en gebrek aan kan-

sen, bij veel van de ouders op de school van mijn kinderen. Ik maak me boos over de vooroordelen waaronder ze lijden, die hun toch al kleine maatschappelijke kansen nog kleiner maken. Over de grofheid en hardheid waarmee hun islamitische geloofsovertuigingen worden veroordeeld. Over de vernedering die zij vanwege hun geloof en hun etnische herkomst bijna dagelijks moeten ondergaan.

Maar ik maak me ook boos over hún vooroordelen. Hun opvattingen over ongelovigheid en over anders-zijn, die even bekrompen en kwetsend kunnen zijn.

Wij mensen zijn hardleers. Wij kennen inmiddels in ons land meer dan een halve eeuw vrede. Maar dat wil niet zeggen dat het in Nederland altijd even vredig is. Zeker de afgelopen jaren hebben we een toename gezien van racistische incidenten. Wij zien dat de geloofsvrijheid van mensen wordt beschimpt. En we zien ook, omgekeerd, dat geloof wordt gebruikt om anderen – ongelovigen, geloofsafvalligen – onvrij te maken.

Wij weten niet hoe moedig we zullen zijn als het er echt, echt op aankomt. Maar dat betekent niet dat burgermoed nu afwezig zou kunnen of mogen zijn. Juist de vrede, juist onze beschermde vrijheid, geeft ons de ruimte – en de plicht – om vingeroefeningen in burgermoed te doen.

Wat is burgermoed? Dat zijn natuurlijk de monniken in Birma. Dat is Perwiz Kambakhsh, de Afghaanse journalist die ter dood veroordeeld is en wiens lot wij moeten veroordelen. Dat zijn al die mannen en vrouwen in Saudi-Arabië en Iran die zich verzetten tegen de islamistische regimes. Dat is gettoradio in Nairobi in Kenia, waar jonge mensen met hun reportages het verzet tegen het geweld proberen te mobiliseren.

Dat is burgermoed in oorlogsomstandigheden, de moed om tegen geweld op te staan.

Maar moedig op haar manier is ook het meisje in Nederland dat zich bevrijdt uit de beklemming van familie en religieuze gemeenschap, hoewel ze verstoting riskeert. Moedig zijn bijvoorbeeld de werknemers die met het gevaar van ontslag de vuile was van de bazen durven buiten te hangen. Moedig is de journalist die gegijzeld wordt omdat hij zijn bron beschermt. Moedig is altijd de enkeling die durft op te staan tegen het oordeel van de goegemeente, die zich vreedzaam verweert en zijn eigen weg durft te kiezen en te gaan.

Dit zijn geen mensen die oorlogen trotseren, maar wel mensen die, in tijden van vrede, vingeroefeningen in burgermoed doen, en daardoor een voorbeeld voor ons zijn.

Politici, volksvertegenwoordigers, moeten een voorbeeld kunnen zijn. Zij moeten moed tentoonspreiden. Aan politieke vingeroefeningen in moed ontbreekt het nog wel eens. En wat betekent politieke moed?

Dat wij, politici, altijd de vrijheid van anderen verdedigen om zich te uiten. Ook, of misschien juist, als we het ten diepste met hen oneens zijn. Ook als wij ons daarmee, tijdelijk of zelfs wat langer, wat minder in de gunst van de kiezer mogen verheugen.

Bij het verdedigen van het vrije woord hoort ook dat wij, politici en volksvertegenwoordigers, ervoor moeten waken dat wij onze tegenstanders de mond snoeren, beschimpen of veroordelen. Het gaat niet aan elkaar 'lafaard' te noemen, of 'levensgevaarlijk'. Het gaat niet aan om elkaars opvattingen in verband te brengen met geweld of totalitarisme, of het nou de Holocaust is of de genocide in Rwanda. Daarmee doen we de uniciteit en gruwelijkheid van deze gebeurtenissen tekort – een gruwelijkheid die vrijwel niemand van de huidige politici heeft ervaren – en daarmee kunnen wij het volk dat wij vertegenwoordigen, bang maken. De vrijheid van meningsuiting is een kwetsbaar goed, dat vooral duurzaam wordt beschermd als we wellevend en welsprekend zijn.

Wellevendheid, welsprekendheid en een respectvolle en open omgang met elkaar, ook als wij elkaar niet mogen of zelfs weerzinwekkend vinden, zijn misschien wel de belangrijkste vingeroefeningen in burgermoed. In de hoop dat, mochten wij ooit in vergelijkbare omstandigheden terechtkomen, de moed hebben die Willem Kraan en Piet Nak en al die anderen hebben betoond, die wij hier vandaag herdenken.

Een klassiek verschil van mening

Over vrijheidslievendheid als politieke houding

Sinds de Oudheid zijn filosofen en politici nauw met elkaar verbonden. Politici bestrijden elkaar in de politieke arena over hun ideeën van rechtvaardigheid, over democratie en staatsinrichting, en over de wijze waarop het democratische debat moet worden gevoerd. Onderwerpen waarover ook filosofen een voortgaand debat voeren, met elkaar en soms met politici. Althans, dat is het ideaal.

In werkelijkheid zijn politiek en filosofie van elkaar vervreemd geraakt. Filosofie wordt vooral bedreven achter de academische muren van de universiteit, met af en toe een uitstapje naar de bijlage van de chique zaterdagkrant.

Maar het zijn vooral de politici die zich ver verwijderd hebben van de filosofie. Wij onderwerpen ons aan de snelle taal- en beeldcultuur van de massamedia, waarin de oneliner het altijd wint van de filosofische bespiegeling over het ideaal van een rechtvaardige samenleving. En met de grote omloopsnelheid in onderwerpen én populariteit is politiek-filosofische samenhang tussen onze opvattingen wel het laatste probleem waar wij, politici, aan lijden. De filosoof, bedoel ik maar te zeggen, spreekt niet de taal van *De Wereld Draait Door*. Problematischer is dat de politicus soms geen andere taal meer lijkt te kunnen spreken.

Juist in deze ingewikkelde tijd – waarin we kampen met een economische crisis en een klimaatcrisis, met kwetsbare politieke en democratische verhoudingen en grote onzekerheid bij veel mensen – is er nood aan helder geformuleerde idealen en een nauwkeurige verantwoording over de uitwerking daarvan. Ik ben geen filosoof, zoals u weet. Het is niet mijn bedoeling, en het ligt ook niet in mijn vermogen, om hier een doorwrocht filosofisch traktaat af te leveren. Wel wil ik stilstaan bij de politieke omgang met het begrip 'vrijheid', een van de belangrijkste begrippen uit de filosofie, en voor mij een van de belangrijkste politieke idealen. Ik doe dat in het volle besef dat geen begrip in de politiek zo populair is, maar ook zo misbruikt en uitgehold, als 'vrijheid'. Hoewel bedekt, en zelden goed uitgewerkt of verantwoord, wordt in de politiek ook het hardst gevochten over het vrijheidsbegrip. Elke politieke partij geeft zichzelf met graagte het predicaat 'vrijheidslievend' (twee partijen hebben het zelfs in hun naam opgenomen), maar weinig partijen verdienen het. Net als in de politieke filosofie is 'vrijheid' in de politiek een omstreden begrip. Het is altijd gemengd met, en beperkt door opvattingen over het algemeen belang en over het goede leven dat mensen zouden moeten leiden. Geen enkele politicus vindt dat de vrijheid van mensen onbegrensd kan zijn, zoals geen enkele Nederlandse politicus pleit voor afschaffing van alle belastingen (terwijl belastingen een van de dwingendste beperkingen vormen van onze individuele vrijheid).

Tot zover bestaat er ook politieke consensus. Daarna begint het gekrakeel. Zelden gaat dit over het begrip 'vrijheid' zelf. Maar wel over de uitwerking ervan.

Dit wil ik illustreren aan de hand van een voorbeeld van de econoom Amartya Sen. Hij beschreef de jongen Kim. Op een mooie lentezondag heeft die de keuze om een stukje te gaan wandelen of binnen te blijven. In het eerste scenario kiest hij er zelf voor om binnen te blijven en tv te kijken. In het tweede scenario wordt hij door een bandiet zijn huis uit gesleurd en in de goot geworpen. In het derde scenario beveelt de bandiet hem op de bank te blijven zitten voor de tv. Hij dreigt hem zwaar te straffen als hij toch naar buiten gaat.

In het eerste scenario is Kim vrij. In het tweede scenario wordt Kims vrijheid zwaar aangetast – daarover hoeft geen discussie te bestaan. Het derde scenario is het lastigst. Kim kijkt tv, precies zoals hij wilde, maar hij heeft er niet zelf voor kunnen kiezen. Hij kan zich ook niet meer bedenken, en alsnog een rondje gaan lopen.

Dit voorbeeld maakt duidelijk dat het niet alleen om de uitkomst gaat, want die kan worden afgedwongen en iemand heel onvrij maken, maar ook om de keuze zelf. Ik haal het voorbeeld aan omdat vrijheid als politiek ideaal heel verschillende uitwerkingen kan hebben. Wil je mensen meer keuzevrijheid bieden, in de hoop dat zij de juiste persoonlijke en maatschappelijke keuzes maken? En accepteer je daarbij dat mensen ook keuzes maken die je niet waardeert? Of dicteer je de uitkomst – dwing je iemand om op de bank te gaan zitten omdat jij dat wenselijk vindt – om te voorkomen dat mensen keuzes maken die je niet zinnen?

Hierachter gaat ook een klassiek verschil van mening schuil tussen conservatief-liberalen en progressief-liberalen. De conservatief-liberalen – zoals de VVD – gaan meestal uit van de veronderstelling dat mensen vrij zijn en vervolgens ook volledig verantwoordelijk voor hun eigen slagen en falen. Progressief-liberalen, tot wie ik mijzelf reken, benadrukken juist dikwijls de onvrijheid, de vernedering, dwang en sociale en groepsdruk waaraan mensen blootstaan, en bepleiten bevrijding en emancipatie. In het eerste geval wordt er vaak het terechte verwijt gemaakt dat er geen oog is voor de grote ongelijkheid in keuzevrijheid die het gevolg is van slecht onderwijs, weinig kansen en weinig arbeidsperspectief. In het tweede geval klinkt vaak het terechte verwijt dat de verantwoordelijkheid van mensen om hun lot in eigen hand te nemen verwaarloosd wordt. Deze verschillen van inzicht over de politieke betekenis van vrijheid en de verwezenlijking ervan in beleid horen bij een gezond politiek debat dat juist nu – nu de verzorgingsstaat als gevolg van de economische crisis herijkt moet worden – vol zou moeten worden gevoerd.

Dat kan alleen als alle politici bereid zijn te voldoen aan een procedurele voorwaarde die bij elk vrijheidsstreven hoort. En het is nu juist die eis die met voeten wordt getreden. In onze politieke verhoudingen is er namelijk iets geks aan de hand. Een partij als de PVV roept (soms – en zij het veel terughoudender – gevolgd door de VVD en de SGP), met een beroep op 'onze vrijheid', de staat in om anderen hun vrijheden te ontzeggen. De PVV wil het antidiscriminatiebeginsel uit de Grondwet schrappen en beperkt de vrijheid van godsdienst door de Koran, moskeeën en hoofddoekjes te willen verbieden.

Tegenover de autoriteiten van de koning en de kerk is onze democratische rechtsstaat bevochten. Dat is een strijd geweest vóór individuele rechten, vóór het zelf kunnen nadenken over wat we van waarde vinden in ons leven, en dus ook vóór godsdienstvrijheid. Het waren de wereldlijke en kerkelijke machten die met een beroep op de stabiliteit en identiteit van de samenleving verzet pleegden tegen de Verlichting en respect eisten voor het gezag. Onze Grondwet en rechtsstaat zijn tot stand gekomen niet dankzij, maar ondanks de bestaande culturele verhoudingen. Als de PVV stelt dat onze samenleving gebaseerd is op de joods-christelijke cultuur, is dat merkwaardig, omdat de waarden van de democratische rechtsstaat met al zijn vrijheidsrechten niet door de joods-christelijke instituties werden gepropageerd.

Hetzelfde geldt voor de emancipatiestrijd van de jaren zestig. Pleidooien voor gelijke rechten voor vrouwen en homo's konden niet op applaus rekenen van conservatieve politici of kerkelijke leiders. Deze progressieve waarden, zoals bijvoorbeeld Ian Buruma heeft opgemerkt, worden nu door conservatieve politici als kern van onze cultuur gedefinieerd. Daarmee verweren zij zich tegen de zogenaamde 'islamisering' van onze samenleving. Onze cultuur is sinds de jaren zestig verruimd met vrijheidsrechten voor vrouwen en homo's, tegen de wens van conservatieve krachten in, die de bestaande cultuur wilden handhaven. Die verruimde cultuur van vrijheid en emancipatie wordt nu gebruikt om de vrijheidsrechten van nieuwe Nederlanders in te perken.

De wens om paal en perk te stellen aan het gebruik van vrijheidsrechten door religieuze stromingen en migranten heeft met vrijheidslievendheid dan ook heel weinig te maken. Zoiets doet eerder denken aan het ouderwetse autoritarisme van koning en kerk, waarbij het doel de middelen heiligt.

Natuurlijk verdienen conservatieve stromingen in de islam en in andere religies die weigeren de rechten van individuen serieus te nemen, harde kritiek. Maar precies daarom hebben we de vrijheidsrechten voor individuen in onze Grondwet vastgelegd. De vrijheid van meningsuiting bestaat niet opdat we allemaal hetzelfde vinden en zeggen, maar juist om het hevig met elkaar oneens te kunnen zijn. De vrijheid van godsdienst is niet ontworpen om mensen gevangen te houden in een religieuze cultuur, maar om iedereen de vrijheid van geloof te kunnen laten beleven. De vrijheid van godsdienst stelt grenzen aan religieuze groepsdwang, maar ook aan de staat om religie aan allerlei regels te onderwerpen.

Even vanzelfsprekend is het ook dat vrijheidsrechten beperkingen kennen. Mensen hebben rekening te houden met elkaar en mogen elkaar niet onnodig schaden of vernederen. Doen zij dat wel, dan is de staat bevoegd om grenzen te stellen en – in het uiterste geval – te straffen. De staat verbiedt, reguleert, normeert en legt een belastingplicht op. Maar de staat is geen politiek voertuig voor 'eigen vrijheid eerst', waarbij uitsluitingspolitiek tot disproportionele vrijheidsbeperking van sommigen leidt. En die tendens is in de Nederlandse politiek waarneembaar.

De mate waarin en de wijze waarop de staat de vrijheid beperkt, moet aan ten minste twee criteria voldoen. Ten eerste moet er een gefundeerd, groter algemeen belang zijn gedefinieerd op basis waarvan de staat de vrijheid van burgers mag beperken. Over dat algemene belang moet ook grote en duurzame democratische consensus bestaan. De onderwijsplicht bijvoorbeeld beperkt de keuzevrijheid van kinderen en hun ouders, maar het is algemeen aanvaard dat het van groot belang is dat alle kinderen onderwijs volgen, juist opdat zij meer vrijheid krijgen om als volwassenen een volwaardig leven te kunnen leiden. De plicht tot het betalen van belastingen is ook onomstreden (althans meestal), omdat de staat de middelen nodig heeft om infrastructuur aan te leggen, politie en justitie te kunnen betalen en via herverdeling kan voorkomen dat groepen mensen in armoede moeten leven.

Maar ik realiseer me dat deze voorbeelden ook laten zien dat de mate waarin de staat de vrijheid inperkt, bepaald niet onomstreden is. Die is juist voorwerp van een continu politiek en publiek debat. Het staat Geert Wilders vrij om te vinden dat de uitsluiting van moslims van een aantal belangrijke vrijheidsrechten een groot algemeen belang is. Dat wordt anders als ook aan de tweede eis wordt voldaan. Iedereen moet deel kunnen uitmaken van het publieke en politieke debat, of zich daarin vertegenwoordigd weten. Dat is wat filosofen publieke vrijheid noemen.

Een anekdote: vlak na de verkiezingen van 2006, waaraan voor het eerst de Partij voor de Dieren en de Partij voor de

Vrijheid deelnamen, verscheen er een strip van Sigmund in de krant. Voor een gammele schuur in een weitje stonden, meen ik, een koe, een schaap en een geit. Achter het hek stonden twee zwaar gesluierde vrouwen met hun Dirk-tasje. Hun commentaar: 'De dieren zijn vertegenwoordigd in het parlement, nu wij nog.'

Het democratische debat zelf is een heel belangrijk deel van onze vrijheid. Zeker als dat debat ook nog eens gaat over de inrichting van ons bestaan, over onze vrijheden en de beperkingen die we acceptabel vinden. Juist hier tonen veel conservatief-liberalen – de pvv voorop – hun antiliberale inborst. Ze praten over moslims, verbieden hun veel, veroordelen en kwetsen hen, zonder dat ze geïnteresseerd zijn in een weerwoord of hun toegang willen verschaffen tot het democratische debat. Publieke vrijheid zou praktisch een betere toekenning kunnen betekenen van actief en passief kiesrecht aan migranten die enige tijd in Nederland zijn: als er over je geoordeeld wordt – en dikwijls hard – moet je ook mee kunnen praten. Belangrijker is het dat de politici die zeggen in naam van vrijheid te handelen, ook de procedures van een vrije samenleving eerbiedigen. Een politicus kan mooie woorden spreken over het vrije land dat hij beoogt, maar als zijn houding van weinig vrijheidslievendheid getuigt, van weinig respect voor andersdenkenden, kunnen zijn idealen ook niet echt worden vertrouwd.

Vrijheid dient, met andere woorden, niet alleen te gelden voor jezelf en je medestanders, maar ook – en juist – voor je tegenstanders, opdat ze zich tegen je kunnen verweren.

VRIJHEID VAN (ON)GELOOF

Religie en politiek

Over 'het geloof van het zoeken' tegenover
'het geloof van het weten'

In 1999 voerde ik namens GroenLinks het woord tijdens het parlementaire debat over de euthanasiewet. Zonder uitzondering verdedigden de politici van christelijke partijen hun bezwaren tegen euthanasie aan de hand van hun geloofsovertuigingen, terwijl woordvoerders van de seculiere partijen – met uitzondering van de SP – voor waren. In de Kamer leek daardoor de beoordeling van de juistheid van euthanasie samen te vallen met het geloof: als je gelovig bent, dan heb je bezwaren tegen euthanasie, als je niet gelooft, dan accepteer je euthanasie onder voorwaarden.

In zijn werkkamertje even verderop wond Ab Harrewijn zich op over deze scheiding der geesten. 'Jij moet,' zei hij in de pauze van het debat, 'in de Kamer verdedigen dat ik en vele anderen juist om geloofsredenen voor euthanasie pleiten.'

Ab Harrewijn combineerde op dat moment het Kamerlidmaatschap met zijn werk als dominee. In GroenLinks behoorde hij tot de progressieve vleugel in ethische kwesties zoals abortus en euthanasie. En hij stond daarin als gelovige bepaald niet alleen. In de jaren zeventig verdedigde bijvoorbeeld de uitgetreden benedictijner monnik Michel van Winkel namens de PPR het beslissingsrecht van vrouwen bij abortus tegenover de katholieke minister van Justitie Van Agt. Hij had daar, vertelde hij mij later, lang over moeten piekeren, maar hij was tot de slotsom gekomen dat ook in de zware kwesties van leven en dood vertrouwd moet worden op het oordeelsvermogen van mensen, in dit geval van zwangere vrouwen.

Ab Harrewijn heeft mij destijds geattendeerd op de Nijmeegse theoloog Schillebeeckx. 'Euthanasie,' stelde deze, 'is een ethische kwestie. Ethiek is gebaseerd op menswaardigheid en humaniteit. Wat je daarover zegt, is een persoonlijke keuze en daarbij mag je je niet op God beroepen. Ethiek is een menselijke consensus die ontstaat na veel en lang zoeken.'

Mij is gevraagd vanmiddag stil te staan bij de verhouding tussen religie en politiek. Indachtig Schillebeeckx maak ik daarvan: de verhouding tussen religie, ethiek en politiek. Naar mijn opvatting ontstaat er vooral spanning tussen religie en politiek als de ethische opvattingen van gelovigen en kerken – de oordelen over goed en fout in het menselijke verkeer – te absoluut, te stellig en te dogmatisch worden. Omgekeerd ontstaat er ook spanning als politici zich al te gemakkelijk wenden tot de kerken als zij oplossingen zoeken voor morele of maatschappelijke verloedering, zonder zich daarbij rekenschap te geven van de autonomie van het geloof. Zoals de theologe Ineke Bakker, destijds algemeen secretaris bij de Raad van Kerken in Nederland, het verwoordt in Abs boekje *Bijbel, Koran, Grondwet* uit 2002: 'De kerk is geen EHBO voor tekortschietende normen en waarden. Deze zijn niet los en op afroep verkrijgbaar.'

Als je door Abs boekje bladert, is opvallend hoe actueel en scherpzinnig het is. En bij de voorbereiding van vanmiddag heb ik me dan ook menigmaal afgevraagd hoe Ab zou oordelen over de grote veranderingen in ons politieke landschap sindsdien.

Twee ontwikkelingen springen dan vooral in het oog.

Voor het eerst sinds heel lang hebben wij een kabinet dat wordt gedomineerd door christelijke partijen. Geloof bevindt zich daardoor meer dan de voorgaande decennia in het hart van de politiek. De gelovige leider van de enige seculiere coalitiepartij, Wouter Bos, verklaarde het succes van de formatie zelfs met de zinsnede: 'Wij spreken alle drie de tale Kanaäns.' In de wittebroodsweken van het kabinet overheerste de discussie over de gewetensbezwaren bij trouwambtenaren, waarbij de bewindslieden ook langs geloofslijnen verdeeld leken. Maar opmerkelijk is wel dat ministers die hun christelijke geloofsovertuigingen als belangrijke inspiratiebron en leidraad noemen bij hun beleidsbeslissingen (zoals bijvoorbeeld Donner en Rouvoet), voor weinig ophef zorgen.

Haaks op de sterkere en onbelemmerde aanwezigheid van christelijke politiek in het centrum van de macht bekritiseren politici religie harder en minder terughoudend. Hier gaat het niet om het christendom, maar om de islam, de tweede godsdienst in Nederland. De aanhoudende schofferingen door Wilders van moslims en hun geloof worden door de meesten weliswaar beschouwd als extremistisch, maar kritiek in een gematigder variant heeft breed ingang gevonden. Of het nu gaat om imams die weigeren een hand te schudden, vrouwen die gelaatsbedekkende kleding of boerkini's dragen, of de staat van het islamitisch onderwijs: in toenemende mate klinkt de roep om religie te weren uit de publieke sfeer.

Nu erken ik direct dat godsdiensten niet met elkaar vergeleken mogen of kunnen worden. Bovendien zijn politici altijd gerechtigd om maatschappelijke problemen te agenderen. Of die problemen een religieuze oorsprong hebben of religieuze rechtvaardiging kennen, is dan niet relevant. Bij maatschappelijke problemen die een gevolg zijn van bijvoorbeeld islamitische orthodoxie, zoals de achterstelling van vrouwen, is er zelfs een grote politieke verantwoordelijkheid om deze te agenderen. Wel gaat het erom het probleem van uitblijvende emancipatie zelf te agenderen en niet door te schieten in een leerstellig politiek conflict over de precieze omschrijvingen in de Koran, zoals nu al te vaak gebeurt.

Dit neemt ook niet weg dat deze twee tegenstrijdige ontwikkelingen wijzen op groot politiek ongemak in de omgang met religie. Politici – seculier en gelovig – hebben grote moeite om de betekenis van religie voor de samenleving te duiden, laat staan als autonome kracht te respecteren.

De ongemakkelijke verhouding van politici met religie wordt ook – en naar mijn mening bovenal – veroorzaakt door het ethische conservatisme dat domineert in religieuze bijdragen aan het politieke en publieke debat. Nog maar enkele weken geleden haalde bisschop Eijk de publiciteit door zich misprijzend uit te laten over Hugo Claus. Hij vond diens zelfgekozen dood niet moedig. Het euthanasiedebat waarmee ik mijn verhaal begon is een ander voorbeeld, zoals ook de weigerachtige trouwambtenaren. Vanuit islamitische kring overheersen helaas vrijwel altijd de opvattingen van conservatieve imams over bijvoorbeeld homoseksualiteit, vrouwen en andersdenkenden.

Laat ik – voordat ik wil betogen hoe het politieke ongemak met religie zou kunnen worden verminderd – eerst opmerken dat religie wel degelijk een plaats mag hebben in de politiek en in de publieke sfeer. Zoals politieke partijen hun wortels kunnen hebben in de idealen van gelijkheid, vrijheid en broederschap van de Franse Revolutie, in de Universele Verklaring van de Rechten van de Mens, zo kunnen religieuze waarden als barmhartigheid en rentmeesterschap even inspirerend en leidend zijn. Ik behoor zeker niet tot degenen die vinden dat religie en levensbeschouwing zich zouden moeten beperken tot de privésfeer. Levensbeschouwing – in de brede betekenis van beschouwing over de waarde en het wezen van het leven – is van grote betekenis voor de (in)richting van onze samenleving. Of het nu gaat om christelijke, socialistische, islamitische of humanistische levensbeschouwingen, alle stromingen hebben met elkaar gemeen dat zij ons individuele, dagelijkse handelen in een groter verband plaatsen. Zij hebben ook met elkaar gemeen dat zij het individu een grotere verantwoordelijkheid toekennen dan enkel de zorg voor zichzelf. Voor de inrichting van onze samenleving en de ontwikkeling van gemeenschappen is dat van groot belang.

Toch voel ik me ook dikwijls ongemakkelijk bij de verschijningsvorm van religie in de politiek. Veel minder heeft dat te maken met het geloof en het geloven zelf, als met het ethische conservatisme dat ik zo-even noemde. Beter is het trouwens om te spreken van ethische superioriteit.

In de aanloop naar het nieuwe regeerakkoord verscheen bijvoorbeeld een paginagroot artikel in NRC Handelsblad waarin de VU-filosoof Govert Buijs stelde dat de christelijke traditie de weg wijst naar een nieuw samenlevingsideaal. Eerder verdedigde de CDA-ideoloog Kees Klop al eens dat christelijk geïnspireerde politiek het enige alternatief is voor burgerlijk hedonisme. In een debat met Paul Kalma bij de ChristenUnie stelde de theoloog Paas dat alleen christenen echt oog hebben voor het 'menselijk tekort'. En bij haar aantreden als staatssecretaris vatte ChristenUnie-politica Tineke Huizinga het ethische superioriteitsdenken bondig samen met de opmerking: 'Als ik geen christen was, zou mijn leven wel heel erg om mezelf draaien.'

Het kost overigens weinig moeite om vergelijkbare islamitische uitspraken te vinden waarin het geloof op één lijn wordt gesteld met dé waarheid over het goede en het juiste leven. Denk bijvoorbeeld aan het recentelijke conflict tussen de Amsterdamse stadsdeelbestuurder Marcouch en imam Fawaz. Daarbij verweet de laatste ook eenieder die anders denkt over het geloof en dwingende opgelegde religieuze gebruiken zoals hoofddoekjes en handen schudden, een slechte en hypocriete moslim te zijn, of – erger – een ongelovige.

Ik zou dit 'het geloof van het weten' willen noemen en dat staat haaks op de uitspraak van de – ook door Ab bewonderde – theoloog Schillebeeckx, namelijk dat 'ethiek is gebaseerd op menswaardigheid en humaniteit. Het gaat hierbij om menselijke consensus die ontstaat na veel en lang zoeken.'

Bij ethische superioriteit of 'het geloof van het weten' wordt deze menselijke consensus miskend en zelfs terzijde geschoven als in strijd met het enige en ware geloof.

Voor mij als politicus is 'het geloof van het weten' problematisch en ongemakkelijk makend. Juist omdat het zich ook met grote vanzelfsprekendheid beweegt op het terrein van de ethiek, en daarmee van de menselijke en politieke consensus. Het geloof van het weten staat daarmee haaks op een open democratisch debat, en dat was precies wat Ab Harrewijn zo ergerde in het debat over euthanasie. Een open democratisch debat bestaat namelijk bij de gratie van het vermogen je te verplaatsen in de argumenten van een ander. Je loopt als het ware een eindje met elkaar op, om dan te besluiten samen door te lopen of af te slaan. Bij ethische superioriteit die voortkomt uit het zogenaamde enige en ware geloof is er geen enkele belangstelling meer om een eindje samen op te lopen, omdat dat slechts tot verdwalen kan leiden. Ethische superioriteit, het geloof van het weten, draagt ook de kiem van geloofs- of gewetensdwang in zich. Omdat eenvoudig niet voorstelbaar is of invoelbaar is dat mensen tot andere ethische afwegingen zouden kunnen komen, nemen ethische keuzes ook de vorm aan van een gebod of een verbod. Euthanasie is verboden, net als abortus. Homoseksualiteit mag niet, mannen mogen vrouwen geen hand geven.

Ik sta, als seculier politica, in een partijtraditie van mensen die zich, met name binnen de PPR en de EVP, juist vanuit hun geloofsovertuiging altijd hebben verzet tegen elke vorm van gewetens- of geloofsdwang. Ab Harrewijn en Michel van Winkel waren, met de welbewuste scheiding die zij aanbrachten tussen moraal en geloof, belangrijke exponenten van die traditie. Als GroenLinks een religieuze traditie kent – en ik denk, zonder er zelf deel van uit te maken, dat wij die kennen – dan is dat wel die van 'het geloof van het zoeken'. Het geloof inspireert en begeleidt het dagelijkse handelen, maar leidt niet tot eenvoudige recepten voor hoe te leven. Het leidt ook niet tot kant-en-klare politieke opvattingen over ingewikkelde ethische en maatschappelijke vragen. Eerder leidt het tot meer vragen, meer dilemma's, grotere reflectie.

Ik voel mij als GroenLinks-politicus verbonden met deze traditie. Dat betekent dat ik kritisch sta tegenover verlichtingsfundamentalisten die religieuze inspiratie en overtuigingen willen verbannen uit de politiek en het publieke leven. Zij passen, net als de orthodoxe leidsmannen die zij verafschuwen, gewetensdwang toe. Het betekent ook dat ik een mening nooit terzijde zal schuiven omdat zij religieus geïnspireerd is, of dat ik mij zal verzetten tegen subsidies voor organisaties op religieuze grondslag, zolang hun werk van algemeen maatschappelijk belang is. Ik erken ook dat geloof – verlicht of orthodox – een plaats heeft in, en waarde kan hebben voor de samenleving.

Anderzijds doe ik wel een appèl op gelovigen om in het politieke en publieke debat, indachtig Ab en de theoloog Schillebeeckx, het rotsvaste vertrouwen in de eigen ethische superioriteit te verminderen. Dit is een appèl op de christenen en moslims die geen debat toestaan over de eigen ethische opvattingen.

Nu realiseer ik me ook heel goed dat juist vanwege ethische superioriteit, vanwege het geloof van het weten, een dergelijk appèl mogelijk aan dovemansoren is gericht. En daarom zou ik een tweede appèl willen doen. Religie neemt op dit moment een prominentere plaats in, in de samenleving en in de politiek, dan de afgelopen decennia denkbaar was. Terwijl christelijke politiek zich weer heeft genesteld in het centrum van de macht, is die andere grote groep gelovigen, de moslims, aanhoudend voorwerp van beschimpingen, beledigingen en vernederingen. Er is een grote urgentie om het negatieve beeld van de islam te corrigeren, aangezien bij voortgaande politieke polarisatie onze samenleving langs lijnen van religieuze tegenstellingen verdeeld dreigt te raken. Daarmee kan op termijn ook de vrije ruimte voor religieuze expressie in het geding raken, omdat de roep om het terugdringen van religie uit de publieke en politieke sfeer luider en schriller gaat klinken. Dit raakt in de eerste plaats de vrijheid van moslims, maar sluit op termijn ook christenen en andersgelovigen niet uit.

In de meeste gevallen is het niet de religie zelf die in het brandpunt staat van het conflict over religie en politiek, maar de ethische aanspraken die worden gedaan op basis van zogenaamd het enige en ware geloof. Politiek ongemak en zelfs aversie tegen religie worden vooral aangewakkerd door incidenten variërend van trouwambtenaren en handen schudden tot euthanasie en abortus.

Hierin komt de 'zoekende gelovigen' een prachtige taak toe. En op hen – wellicht de hier aanwezigen – richt ik dan ook mijn tweede appèl. In GroenLinks, en overal in de samenleving, zijn er gelovigen die geen enkel – religieus getoonzet – bezwaar hebben tegen al te mooie, levensgroot afgebeelde dames in gouden bikini's. Die om goede redenen voor euthanasie zijn, of abortus. Misschien zijn ze ook wel tegen, maar dan roepen zij niet het geloof in ter rechtvaardiging van hun al te menselijke mening. Zoals ik, seculier en ongelovig, de plicht heb om me altijd in de richting te blijven bewegen van gelovigen en aan te bieden samen een eindje op te lopen, zo zouden juist de 'zoekende gelovigen' een voortrekkersrol kunnen en moeten spelen in het politieke en publieke debat. Door erop te wijzen dat geloven prachtig is, maar dat het niet synoniem is aan kerkelijke dogma's die ons dagelijks leven dicteren. Misschien ook door erop te wijzen dat geloven geen autoritaire macht verdraagt: dat we het wel degelijk zelf en samen uit moeten zoeken als wij moeilijke ethische en politieke afwegingen maken. Dat religie een plaats heeft in de politiek als leidraad en inspiratiebron, maar dat ethische superioriteit, 'het geloof van het weten', het open democratische debat fnuikt.

Niet veroordelen, niet uitsluiten

Over gewetensvrijheid en gewetensdwang

Spreken over godsdienstvrijheid en -kritiek is als het betreden van een smal en met prikkeldraad omzoomd pad. De gevoeligheden zijn groot. Dikwijls spreek je over de diepste overtuigingen en persoonlijkste emoties van mensen. Boosheid ligt op de loer en ergernissen hopen zich snel op. Zeker een niet-gelovig politicus zoals ik stuit al snel op het verwijt 'onvoldoende kennis' te hebben en 'niet te begrijpen' wat gelovigen beweegt.

Toch is het spreken over godsdienst, ook voor politici, onvermijdelijk, en in deze tijd zelfs noodzakelijk. En ik wil daaraan toevoegen dat ik vind dat deze tijd vooral progressieve politici – tot wie ik mijzelf reken – dwingt tot het doen van uitspraken over de vrijheid van godsdienst en de grenzen daarvan. Dat is de stelling ook die ik hier wil verdedigen. Daartoe wil ik eerst iets zeggen over de achtergrond van mijn partij en de traditie van godsdienstkritiek waarin ik denk te staan. Daarna wil ik mijn plaats bepalen in de lopende debatten over godsdienst, en in het bijzonder de islam.

Toen ik deze toespraak voorbereidde, werd ik gewezen op een interview met Bas de Gaay Fortman van enkele jaren geleden. In dat interview blikt hij terug op zijn besluit om, als gereformeerde jongeman, in 1970 over te stappen van de ARP naar de PPR, een van de voorlopers van GroenLinks. In het interview noemt hij twee doorslaggevende redenen om zich los te maken van de gereformeerde en verzuilde machtspolitiek van de ARP. Om te beginnen zegt hij: 'Ik vond en vind dat je politiek niet moet verbinden met geloofsbelijdenissen. Dat is slecht voor de politiek, want je haalt mensen uit elkaar die het met elkaar eens kunnen zijn. Ook zet je mensen bij elkaar die het maatschappelijk gezien met elkaar oneens zijn.'

Verder, zegt hij, verzette hij zich tegen het aanhoudende kerkelijke gezag over het persoonlijke en maatschappelijke leven. In de jaren zeventig maakten mensen zich los van de kerkelijke voorschriften en leefregels, zonder hun geloof te willen verliezen. De PPR was een van de belangrijke dragers van die nieuwe individuele geloofsvrijheid. In de woorden van Bas de Gaay Fortman: 'De PPR brak door de verzuiling heen, het was de eerste ontzuilde partij. D66 was weliswaar ook ontzuild, maar was, zeg maar, antireligie. Dat gold niet voor de PPR.'

Zijn anekdote illustreert de sterke verbondenheid van de voorlopers van GroenLinks met religie. Ook in de PSP, de CPN en de EVP waren veel mensen actief die zich verzetten tegen de onvrijheid van de verzuiling, die hun geloof vasthielden, maar zich ook welbewust verbonden aan seculiere politiek.

Ik weet dat ik als vers Kamerlid op bezoek ging bij De Linker Wang, het platform voor religie en politiek dat aan Groen-Links is verbonden, om te praten over de euthanasiewet die ik als woordvoerder in de Tweede Kamer behandelde. Het centrale en telkens terugkerende, voor mij nieuwe woord in ons gesprek was 'gewetensdwang'. Er mocht en mag in ons vrije land geen enkele vorm van gewetensdwang zijn. Dit betekent dat geen mens mag worden afgehouden van zijn religieuze overtuigingen. Als je door je religieuze overtuigingen bijvoorbeeld vervuld bent van een diepe weerzin over euthanasie, dan moet je daar altijd uiting aan kunnen geven, en mag je je ook beschermd weten tegen de praktijk van euthanasie. Tegelijkertijd kunnen religieuze overtuigingen anderen – ongelovig en gelovig – niet afhouden van hun wens euthanasie te erkennen en in hun eigen leven toe te laten.

Ik denk dat de leden van De Linker Wang met hun opvatting van godsdienstvrijheid en de vrijheid van gewetensdwang de belangrijkste dragers zijn van een religieopvatting die – denk ik – tot op de dag van vandaag in GroenLinks opgeld doet. Dat is ook de opvatting waarbij ik me het meest thuis voel. Vrij naar Bas de Gaay geldt voor mij dat godsdienstvrijheid in de eerste plaats een individueel recht is. Elk mens in Nederland mag geloven wat hij wil, hij mag het uitdragen, het kan een richtsnoer zijn in zijn persoonlijke en maatschappelijke handelen, hij kan zijn of haar leven eraan wijden.

De staat komt een belangrijke taak toe om deze individuele vrijheid te beschermen.

Dat betekent dat de staat gelovigen moet vrijwaren van vernedering. Let wel, zeg ik daar nadrukkelijk bij: vernedering is niet hetzelfde als belediging, als het lasteren van God of het hard bekritiseren van heilige boeken. Bij belediging komt de staat geen taak toe. Vernedering betekent dat mensen vervolgd worden om hun geloof of gediscrimineerd worden, bijvoorbeeld op de arbeidsmarkt of in het onderwijs. Van mij mogen mensen niet geweigerd worden in een baan omdat ze streng gereformeerd zijn of bijvoorbeeld een kruisje of een hoofddoek dragen. Zij moeten vrije toegang hebben tot het bedrijfsleven, ze moeten vrije toegang hebben tot overheidsfuncties.

Beschermen betekent ook dat de overheid mensen actief in staat stelt om te geloven. Dat betekent bijvoorbeeld dat de staat ouders de mogelijkheid geeft (en blijft geven) om een school van hun eigen denominatie te stichten, om hun kinderen naar het bijzonder onderwijs te sturen. Dat betekent ook dat er plek is voor geestelijke verzorgers (predikanten en imams) in het Nederlandse leger, die soldaten – bijvoorbeeld op missie in Afghanistan – kunnen bijstaan in nood.

De nadruk op godsdienstvrijheid als individueel recht betekent niet dat ik de behoefte van mensen aan kerkgemeenschappen onderschat. Ik erken en respecteer ook de betekenis van kerken en moskeeën, voor mensen persoonlijk en voor onze samenleving, als samenbindend en richtinggevend. Ik respecteer ook dat mensen samen, in de uitleg van hun geloof, tot gedragsvoorschriften en leefregels komen, waaraan zij zich – in vrijheid, zeg ik met nadruk – willen houden. Het verdient respect en ruimte dat mensen samen eisen stellen aan het voedsel dat zij eten, dat zij samen de ramadan willen vieren, dat zij de zondag als rustdag eren en dat zij behoefte kunnen hebben om zich af te zonderen, bijvoorbeeld in christelijke, joodse en islamitische bejaardentehuizen (zonder, echter, dat dit met uitsluiting gepaard gaat). En ik vind dat ik – als seculier en progressief politicus – deze fundamentele vrijheid van mensen (even fundamenteel als de bijvoorbeeld de vrijheid van meningsuiting) heb te verdedigen.

Maar hier hoort wel een maar bij. Ik zei nadrukkelijk dat ik de godsdienstvrijheid beschouw als een individueel recht. En ik verwees naar 'gewetensdwang', het woord dat ik bij De Linker Wang leerde. Of zoals Bas de Gaay het zo mooi verwoordde: 'Het kerkelijke gezag moet zich niet beslissend ontfermen over het persoonlijke en maatschappelijke leven.' De voorlopers van GroenLinks verzetten zich – terecht – tegen de vele gedragsvoorschriften en leefregels die door het kerkelijke gezag aan mensen werden opgelegd. Bijvoorbeeld: 'een christen kan niet homoseksueel zijn', 'een christen pleegt geen abortus of euthanasie, en keurt dit ook af als anderen het doen', 'een christen behoort niet op zondag te werken'.

Godsdienstvrijheid betekent ook dat geloof, het je beroepen op een god, niet mag leiden tot het veroordelen of uitsluiten van andersdenkenden. Het mag er ook niet toe leiden dat gelovigen worden bekneld in hun levensstijl of in hun hoogstpersoonlijke wijze van geloven. Godsdienstvrijheid betekent juist dat je gelovige kunt zijn én praktiserend homoseksueel op een reformatorische school. Het betekent ook dat een jonge islamitische vrouw, zonder hoofddoek, niet vernederd mag worden of thuisgehouden omdat ze volgens islamitisch gezag onrein zou zijn. Je aard, je geslacht, je seksualiteit of je politieke voorkeuren mogen je niet afhouden van je vrije geloofsbeleving. Zoals geloof geen grond voor uitsluiting mag zijn, mogen je sekse of je seksualiteit dat ook niet zijn.

Kortom: vrije godsdienstbeleving verdient actieve bescherming. Waarbij voor mij geldt: godsdienstvrijheid is een individueel recht. Het collectief staat niet boven het individu. Kerk noch staat mag mensen dwingen te geloven, of hun geloof af te leggen.

Tot zover de theorie, nu de weerbarstige werkelijkheid.

Er groeit een meisje op in Nederland. Misschien woont ze bij mij om de hoek, misschien bij u. Ze is een jaar of dertien en is opgevoed in het islamitisch geloof. Van kleins af aan is ze gewend dat haar moeder haar gesluierd, in djellaba en met hoofddoek, naar school bracht. Ze heeft geleerd dat je naar de hel gaat als je varkensvlees eet, ze is gewend bij haar moeder in de keuken te blijven als de mannen eten. Ze houdt van de warmte en de feesten aan het einde van de ramadan, ze houdt van haar ouders en voelt zich veilig in haar omgeving. Nu ze begint te puberen, slaat de twijfel toe.

Sinds kort moet ze een hoofddoek dragen als ze buitenkomt; haar ouders hebben haar verteld dat ze anders slecht en onrein is. Op school en op straat voelt ze zich verscheurd. Ze voelt de agressie die haar verschijning oproept, ze heeft verdriet omdat voor het geloof van haar ouders weinig ruimte is. Maar ze aarzelt. Ze houdt van films, van computerspelletjes en van R&B en begrijpt eigenlijk niet waarom die voorliefdes haar tot een slechte moslim zouden maken. Ze vraagt zich af of ze eigenlijk wel een moslim is, en ze voelt zich te jong voor een sluier. Ze wil net als de anderen zijn, maar ze verdedigt zich ook elke dag tegen de oordelen van hen over haar ouders, over haar en over haar geloof.

Ik denk dat er duizenden meisjes zijn in Nederland zoals zij. Ik heb het voorbeeld niet willekeurig gekozen.

Terwijl ik deze theoretische verhandeling houd, woedt er om ons heen een hard debat over het wezen en de positie van de islam. Dat debat trekt zich weinig aan van abstracte principes over godsdienstvrijheid en gewetensdwang, maar slingert tussen de dagelijkse ergernis van een zichtbare islam in Nederland en de angst voor politiek jihadisme in het Westen. Dit debat, aangezwengeld door Ayaan Hirsi Ali en Geert Wilders, geeft veel progressieve en linkse politici een diep gevoel van ongemak. Het leidt ook dikwijls tot verlamming.

Er lijken ook maar twee smaken. Je bent tegen religie, en dan wil je godsdienst – ik bedoel natuurlijk de islam – weren uit de publieke sfeer en het liefst uit heel Nederland. Je bent voor religie, en dat betekent in het gepolariseerde debat ook dat je een moslimknuffelaar bent, en een relativist die de sharia wil invoeren (dit is een vrije vertaling van het werk van Wilders).

In dit debat is er voor een progressieve politicus die juist de fundamentele vrijheden niet wil relativeren (en dan bedoel ik de godsdienstvrijheid en de vrijheid van expressie) weinig ruimte. Nee, ik moet het anders zeggen: progressieve politici nemen veel te weinig ruimte. Ze laten zich in het defensief drukken door de harde, dikwijls discriminerende taal van Wilders. Ze laten zich verscheuren tussen de wens solidair te zijn met een islamitische minderheid die zich verdrukt voelt, en het besef dat binnen veel islamitische geloofsgemeen-schappen de positie van minderheden (zoals vrouwen en ho-moseksuelen) treurig is. Ze laten zich, met andere woorden, in een van de twee posities drukken: pro religie of anti religie.

Er is een derde weg. Ik ben pro religie, noch anti religie. Ik accepteer en respecteer godsdienst in zijn maatschappelijke verschijningsvorm. Ik respecteer de behoefte van mensen om te geloven, om de Koran op hun nachtkastje te hebben (zoals Tofik Dibi ooit tegen Wilders zei), en ik voel me geroepen om mensen in die behoefte te beschermen.

Maar juist omdat ik de godsdienstvrijheid serieus neem, kan en wil ik niet terugdeinzen voor de intolerantie die voor-al de meer orthodoxe islam herbergt.

Laat ik het maar eens heel precies zeggen. Enige tijd gele-den verscheen er een onderzoek naar salafisme in Nederland. Daaruit bleek dat de aanhang kleiner was dan vermoed en dat er geen rechtstreekse dreiging voor de democratische rechts-staat van uitgaat. Er werd opgelucht ademgehaald en ieder-een ging over tot de orde van de dag.

Dat is onterecht. Hoewel de harde kern klein is, hebben veel salafistische, orthodoxe opvattingen een bredere steun in de Nederlandse islamitische gemeenschap. Dat zijn opvattingen over een theocratie, over de ongelijkwaardigheid van man en vrouw en van hetero's en homo's. Deze opvattingen worden van bovenaf dwingend opgelegd en hebben grote gevolgen voor de vrijheid van met name vrouwen en homoseksuelen.

Ik ben ervan overtuigd dat er in Nederland duizenden mos-limvrouwen zijn die – door islamitisch gezag dwingend voor-geschreven en door vaders, ooms en zonen trouwhartig nage-leefd – te weinig bewegingsvrijheid kennen. Daarbij helpt het niet dat ze meestal financieel afhankelijk zijn (maar 7 procent van de allochtone vrouwen in Nederland is financieel zelfstan-dig) en dikwijls laagopgeleid. Voor deze vrouwen geldt dat een eerbaar leven zich voornamelijk binnen de vier muren van hun huis afspeelt, dat zij ondergeschikt zijn aan de man des huizes, dat hun zeggenschap in de opvoeding van de kinderen beperkt is en dat er strenge voorschriften zijn ten aanzien van hun kleding en gedrag. Voor hun dochters geldt te vaak hetzelfde.

Natuurlijk erken ik dat er ook veel islamitische vrouwen zijn die in volle overtuiging en vrijheid tot deze keuze komen, maar ik wil mijn ogen er niet voor sluiten dat veel vrouwen zo leven omdat er voor hen geen eerbaar alternatief is. Voor mij als politicus, die zich verwant voelt aan Bas de Gaay Fortman en de traditie van De Linker Wang, is dit niet aanvaardbaar. Godsdienst is niet vrij als die gepaard gaat met gewetensdwang en met een groot aantal leefregels en voorschriften die moeten worden nageleefd om respect van de geloofsgenoten te kunnen krijgen.

De islam hoort bij Nederland. Die mag ook zijn plek hebben in de publieke sfeer. Moslims moeten er zeker van kunnen zijn dat zij niet vernederd worden. Voorstellen voor een hoofddoekjesverbod in publieke functies of, nog erger, een verbod op de Koran, zijn onacceptabele vormen van geloofsvernedering. Maar evenzo onacceptabel is het dat vrouwen (en mannen) vanuit hun geloof gedwongen worden een leven te leiden dat strijdig is met alle andere vrijheden en grondrechten die wij hoogachten: gelijkberechtiging van man en vrouw, de vrijheid van expressie, de vrijheid van geloofsafval.

Progressieve partijen komt een taak toe om in het gepolariseerde debat dat wij nu kennen de godsdienstvrijheid te verdedigen. Dat betekent de vrijheid om te geloven zoals jij dat wilt, zonder beperkingen opgelegd door de staat. Ons komt ook de taak toe om de confrontatie te zoeken met die gelovigen, die islamitische voorgangers die gewetensdwang uitoefenen op de minderheden in eigen kring.

Ik vind dat we dat meer moeten doen dan de afgelopen jaren is gebeurd. De hartstocht die wij – terecht – aan de dag leggen om praktiserende homoseksuelen toegang te geven tot het reformatorische onderwijs, en SGP-vrouwen tot de Kamer, moeten wij ook tentoonspreiden om islamitische homo's en vrouwen hun vrije keuzes te kunnen laten maken. Dat betekent de inzet van politieke middelen en het aangaan van maatschappelijke allianties. Dat betekent steun aan de Belgische schooldirecteur die een hoofddoekjesverbod afkondigt voor minderjarige scholieren omdat zij merkt dat de dominantie ervan leidt tot onvrijheid en tot vertrek van andersdenkenden. Het betekent ook steun aan de politieagente in opleiding die trots is, zelfstandig, én gesluierd.

Uiteindelijk ligt mijn solidariteit als progressieve politicus niet bij geloof of ongeloof. Het ligt bij het dertienjarige meisje bij mij om de hoek. Welke keuzes zij ook gaat maken in haar leven, of zij een overtuigde en misschien gesluierde moslima wordt, of zij besluit van haar geloof af te vallen of een andere weg zoekt, een middenweg zoekt – het maakt niet uit. Zolang zij die keuzes maar in vrijheid maakt. Zolang zij maatschappelijke kansen en alternatieven krijgt aangereikt.

Als haar ouders haar dwingen om thuis te blijven en af te zien van een carrière, dan kunnen zij op mijn harde kritiek rekenen. Als Geert Wilders en de zijnen haar willen verbieden te geloven, haar willen verbieden een hoofddoekje te dragen, dan is mijn kritiek even hard.

VRIJE PERS

De etiquette van het kapmes

Waarom politici zich beter om zichzelf kunnen
bekommeren dan om de journalistiek

De filosoof Maurice Merleau-Ponty vergeleek het bedrijven van politiek ooit met een jungletocht. De politicus baant zich met een kapmes een weg door vrijwel ondoordringbaar oerwoud, dat zich bijna onmiddellijk weer sluit nadat met veel moeite één stap voorwaarts is gezet. Merleau-Ponty wist dat een politicus – altijd weer opnieuw – mensen moet overtuigen van oplossingen of idealen waaraan zij bereid zijn hun stem te verpanden. Bovendien heeft de overtuigingskracht van iedere politicus een beperkte houdbaarheid. In een democratie moet een politicus zichzelf en zijn partij telkens opnieuw uitvinden om de expeditie succesvol voort te kunnen zetten. Anders dwalen de kiezers af, of worden ze door de politieke idealen of retoriek van tegenspelers gekaapt.

Als je kiest voor de politiek, kies je voor een zware tocht. De beeldspraak van de tocht door het oerwoud wijst ons op de gevaren en risico's die op de loer liggen. Hij verwijst ook naar het handwerk dat je als politicus dag in dag uit moet verrichten. Het pad van maatschappelijke verandering is smal en omzoomd. Alleen in zorgvuldige, beredeneerde en afgewogen stappen – door het weghalen van dor hout en onkruid, maar intact laten en versterken wat vitaal is – kun je ook vernieuwing en voortbestaan van je samenleving garanderen.

Van de politiek heeft zich de laatste jaren een grote nervositeit meester gemaakt, een angst voor het eigen voortbestaan. Veel politici voelen zich opgejaagd door opiniepeilingen. Ze zijn bang voor negatieve oordelen én voor de grilligheid van kiezers. Ze zijn vooral bang dat de jungle hen van achteren bekruipt voordat zij goed en wel een stap hebben kunnen zetten. En dan voldoet het kapmes van de geleidelijke maatschappelijke verandering, van het zorgvuldig gebaande pad ook niet meer.

Als je alleen al de voorgestelde verboden en geboden van de laatste maanden opsomt (zonder volledig te willen zijn), dan heb je het gevoel dat het oerwoud – om nog even trouw te blijven aan de beeldspraak – met een grote shovel platgelegd moet worden. Als de meerderheid haar zin krijgt, dan mag je geweld niet meer verheerlijken, geen boerka dragen, geen huis kraken of buiten een jointje roken. Je moet – op straffe van een verblijf in de gevangenis – een 'doe maar normaal-contract' afsluiten, je dagelijks melden bij de autoriteiten, Nederlands spreken op straat, of je door militairen in een kazerne laten drillen. En helaas is deze nieuwe autoritaire, door angst gevoede politiek al lang niet meer het exclusieve domein van rechts. Ook de PvdA vindt dat 40.000 drop-outs maar gedwongen, militaire heropvoeding moeten ondergaan in kazernes. En in een pas verschenen boekje stelt de PvdA-politicus Lodewijk Asscher dat ouders verplicht moeten worden op opvoedings- en onderwijsspreekuren te komen, op straffe van korting van de kinderbijslag.

De angst om door de jungle te worden omsloten, een kopje kleiner te worden gemaakt, werkt als een virus en besmet iedereen. Zo kan het gebeuren dat het hele parlement zich laat gijzelen door de newspeak van Geert Wilders, en in eensgezindheid criminele en risicojongeren 'straatterroristen' noemt, waar zij nog niet eens zo heel zo lang geleden onhandelbare nozems waren.

De fascinatie met het kwaad van de terrorist, de moordenaar, de pedofiel, de drugsdealer, tasjesdief of hangjongere ontaardt al snel in het lekker meebrullen met de borreltafel. Maar dat is niet het grootste probleem. Een veel groter probleem is dat die fascinatie ons het zicht ontneemt op het menselijke vermogen tot altruïsme, heldendaden of – heel simpel – iets goeds doen voor een ander. Door die fascinatie gaat de samenleving inderdaad lijken op een vijandige en gevaarlijke jungle die zich niet met een kapmes laat bedwingen, maar die met shovels vlak en begaanbaar moet worden gemaakt. En hiermee is de cirkel rond en vinden nerveuze politici ook hun maatschappelijke rechtvaardiging voor nieuw autoritarisme.

Het nieuwe autoritarisme, de politiek van de shovel, zie je misschien nog wel het duidelijkst terug in de oplaaiende discussie over een tweepartijenstelsel. In de woorden van minister Hans Hoogervorst is dit nodig voor de 'politieke stabiliteit en regeerbaarheid van ons land'. En hij voegt daar in een essay in *Elsevier* opgewekt aan toe: 'Anders gebeuren er ongelukken.'

Claude Lefort, vriend en bezorger van postuum werk van Merleau-Ponty, poneerde eens de stelling dat een ideale democratie zich kenmerkt door een permanente strijd om de 'lege zetel van de macht'. Het kenmerk van een goed functionerende democratische rechtsstaat is dat de zetel van de macht leeg is, of slechts kortstondig gedeeld wordt door meerdere partijen. In een tweepartijenstelsel raakt de zetel van de macht wél bezet, door één partij, die zal proberen haar macht zo lang mogelijk te continueren. De kenmerkende democratische strijd van het touwtrekken van politieke minderheden, tussen macht en tegenmacht, die altijd moet resulteren in een compromis, wordt zo vervangen door één partij, één set van waarden, één culturele traditie, die de macht bezit. Daartegenover staat een heel grote minderheid die is afgesneden van de macht.

Nieuw politiek autoritarisme valt ook te bespeuren in de omgang met de pers. Nogmaals, in de beeldspraak van de jungle: flink Autan smeren tegen de muskieten wordt niet meer voldoende gevonden, er moet stevig gemept worden. Piet Hein Donner beklaagde zich er eens over dat zijn werk steeds meer bestaat uit het rechtzetten van wat verslaggevers eerder uit hun verband hadden gerukt. De pers als waakhond sloeg te vaak loos alarm. En hij sloot zijn betoog af met de stelling: 'De persvrijheid gaat niet verloren onder druk van externe bedreiging, maar door gebrek aan interne kracht en weerstand: niet door gebrek aan vrijheid, maar door te veel.'

Toegegeven, natuurlijk wordt er wel eens loos alarm geslagen. Maar de stelling dat dit de boventoon voert, dat de waakhond daarom meer aan banden moet worden gelegd, is potsierlijk. Gelukkig liggen de jaren vijftig met de Raad van Tucht ver achter ons. En we moeten daar ook niet naar terugverlangen. Maar dit pleidooi blijft niet beperkt tot minister Donner, in veel opzichten cultuurdrager van de jaren vijftig.

We zien het ook bij politici uit de babyboomgeneratie, met wortels in de jaren zestig.

Thom de Graaf sprak onlangs tijdens een college voor het Katholiek Instituut voor Massamedia scherpe woorden over de 'danse macabre' waarin de parlementaire journalistiek en Haagse politici gevangen zouden zitten. Hij pleitte voor *slow politics*.

Nog recenter heeft de kersverse PvdA-voorzitter uit de generatie nix, Michiel van Hulten, een gedragscode voor zuivere journalistiek opgesteld. Tekenend is dat negen van zijn tien regels do's-and-dont's voor journalisten bevatten – de politicus hoeft in zijn ogen alleen maar af te zien van de praktijk van het autoriseren van een interview.

Voor dit soort voorstellen haken deze politici aan bij doemanalyses van wetenschappers, die spreken over het ontstaan van de inquisitiedemocratie, de dramademocratie of de mediacratie. Het zijn fraaie termen, maar ze doen de werkelijkheid geen recht. De politiek oefent nog steeds een veel grotere invloed uit op de samenleving dan de media. Het zijn de politici die een pad door het oerwoud aanleggen, niet de muskieten. Het overgrote deel van de zo vermaledijde mediahypes vindt zijn oorsprong in daden of woorden van politici. Tijdens een Kamerdebat meldde het LPF-Kamerlid Eerdmans met aplomb dat hem was afgeraden nog naar de Amsterdamse wijk Slotervaart te gaan, omdat niet meer voor zijn veiligheid kon worden ingestaan. Nog afgezien van het feit dat ik er nog altijd gewoon rondfiets, creëert hier een politicus welbewust een mediahype. Meer nog: hij bedrijft op een zorgwekkende manier angstpolitiek. Zelfs de Deense cartoonaffaire is het resultaat van politiek. De hype hierover ontstond pas nadat politieke vertegenwoordigers van weinig democratische regimes brood zagen in het creëren van een culturele confrontatie over cartoons die een halfjaar eerder waren verschenen.

Met Ed van Thijn vind ik ook dat de politiek in haar kritiek op de media veel minder hoog van de toren moet blazen. Elk pleidooi voor inperking van de persvrijheid moet worden geschuwd als nieuw politiek autoritarisme. Om met Van Thijn te spreken: 'Mediabashing is even verwerpelijk als antiparlementarisme.' En 'het politieke bestuur moet ervan doordrongen zijn dat voor de kwaliteit van de democratische besluitvorming een onafhankelijke pers even belangrijk is als een vrij en onverschrokken parlement'.

Maar ik wil nog verder gaan. Politieke strijd om de lege zetel van de beeldvorming is geen 'danse macabre'. Het is geen sinister machtsspel, of vuil of vunzig, om Alexander Pechtold (D66) te parafraseren. Het is een noodzakelijke strijd in dienst van de kwaliteit van onze democratie. Media vormen een noodzakelijke tegenmacht. Journalisten controleren regering én Kamer. Waarbij elke journalist gaandeweg zal leren dat een goede controleur zijn handen niet schoon kan houden. De pers ontkomt er gewoonweg niet aan om ook politiek te bedrijven. Om soms een tijdelijk bondgenootschap aan te gaan met politici om informatie te ontfutselen. Dat is vast niet altijd even fraai, maar er is vrijwel altijd een democratische noodzaak. Watergate is een belegen voorbeeld, maar ook voor de informatie over massavernietigingswapens in Irak, de geheime detentiekampen van de CIA, et cetera, geldt dat wij die kennis danken aan journalisten die hoog spel spelen, aan politici die lekken, en ambtenaren die als 'deep throat' optreden.

Door het werk van de pers is het voor politici veel moeilijker geworden om de dubbele moraal in stand te houden die Machiavelli blootlegde – voor de vorst gelden andere privileges dan voor zijn onderdanen. Mede door het werk van de vrije pers is ook de tijd dat 'de leugen regeert' echt voorbij. Dat betekent ook dat niet langer elk middel in de strijd om de macht is geoorloofd.

Politici kunnen zich, dat is de moraal van mijn verhaal, beter om zichzelf bekommeren dan om de journalistiek. Het was ook Machiavelli die er meer dan vijfhonderd jaar geleden al op wees dat grote politieke daden alleen door mensen met *virtù*, met politieke deugd, verricht kunnen worden. Deze deugd, deze politieke moed, is cruciaal om het politieke gezag te (her)winnen. Want ook toenemend autoritarisme, jegens de samenleving, jegens de pers, kan niet verhullen dat het ons politici vaak ontbreekt aan gezag. De hang naar meer autoritaire verhoudingen maakt het gebrek aan gezag juist pijnlijk zichtbaar.

Een klein voorbeeld. Sinds enige tijd geeft premier Balkenende zijn wekelijkse persconferentie niet meer zittend, op dezelfde hoogte als de journalisten tegenover hem. Hij staat achter een katheder, om ouderwets autoritair van boven naar beneden te spreken. In plaats van gezag uit te oefenen in een gelijkwaardige verhouding tot de media en het publiek dat zij representeren, is hij zichtbaar bang en verschanst zich. Even zo pijnlijk is dat minister Donner zijn in potentie grote politieke gezag ondermijnt door regelmatig af te geven op de pers. Ook hij geeft dan blijk van autoritarisme, door de stabiliteit van onze democratie te willen bestendigen tegen mediahypes, en uiteindelijk zelfs tegen openbaarheid die hem niet uitkomt.

Daar zit voor mij een cruciaal verschil van mening. Donner maakt zich vanuit een autoritaire opvatting druk om de stabiliteit van de democratie. Terwijl wij ons vooral druk moeten maken om de kwaliteit van onze democratie. En daarin gaan vrije pers en onverschrokken politiek hand in hand. Wij hoeven – om er nog eens wat Engels jargon tegen aan te gooien – niet bang te zijn voor *fast journalism* en dat niet te beantwoorden met *slow politics*. Uiteindelijk krijgt elke politicus de journalist die hij verdient. Dat repareer je niet door je autoritair op te stellen, door *media bashing*, door je te verschansen of door te vertragen. Dat vraagt om *smart politics*: kwetsbaar zijn, open zijn. Partners zoeken, ook bij de pers, en af en toe zeggen – om met Van Mierlo te spreken – 'dat je het niet weet'.

En noest doorkappen. Tegenover de 'eed van zuiverheid' voor de pers die PvdA-voorzitter Michiel van Hulten wenst, zou ik de politieke etiquette van het kapmes willen stellen.

1 Durf alleen te staan (minimaal tien minuten).
2 Zeg alleen sorry als je het echt meent.
3 Wees scherp, zo nodig confronterend, maar mijd kwetsuur.
4 Laat anderen altijd uitspreken, maar niet heus.
5 Politiek is klein en praktisch handwerk: beter één kind uit achterstand verheven dan acht jaar principieel en hoogdravend gedebatteerd over de vrijheid van onderwijs of 'de ware islam'.
6 Kom op voor alle burgerlijke vrijheden, vooral die van je tegenstanders.
7 Houd je snavel als de rechter spreekt.
8 Heb de pers en de openbaarheid lief, ook als je ze tijdelijk en om goede redenen haat.
9 Accepteer het als je houdbaarheidsdatum verstrijkt, overschreeuw jezelf niet en open een bloemenwinkel.

En dan wil ik er nog één heel serieuze aan toevoegen:

10 Om het lekken te verminderen moet je de openbaarheid vergroten.

Met deze laatste etiquetteregel doel ik vooral op de Wet Openbaarheid van Bestuur (WOB), die na 25 jaar gebrekkig functioneren nodig op de schop moet. Als eerste moeten de bestaande gronden voor weigering van openbaarmaking drastisch worden ingeperkt. Daarnaast moeten ook verzelfstandigde overheidstaken onder de werking van de WOB vallen. Tot slot moet het indienen van een verzoek tot openbaarmaking zo worden vereenvoudigd dat je er niet meer voor gestudeerd hoeft te hebben en de wet een echte lekenwet wordt.

Nog een laatste woord over journalisten. Een bijzondere

beroepsgroep, zonder tuchtrecht. Dat past ook niet bij een beroep dat volgens artikel 7 van de Grondwet iedere burger mag uitoefenen. Op z'n Veronica's: de journalist, dat ben je zelf. Maar die stand verplicht tot zelfkritiek. Niet onder dwang, maar – gewoon – omdat je er beter van wordt.

Weg met de meningitis

Over kwaliteitsjournalistiek

Politici die spreken over journalistiek, bekomt dat meestal slecht. Ik denk dat voormalig minister Hirsch Ballin en minister Donner met weinig genoegen terugdenken aan hun belerende opmerkingen over de staat van de Nederlandse journalistiek, omdat hun al snel – en ook niet geheel onterecht – het verwijt ten deel viel de vrije journalistiek te willen knevelen. Laat ik daarom ook beginnen met de – enigszins vrome – opmerking dat ik vind dat politiek en bestuur beperking van de vrije journalistiek niet toekomt, behoudens de grenzen die wij op dit moment in de wet kennen. Eerder ligt er een taak voor politici om de vrijheid van journalisten, waar die onder druk staat, te waarborgen en te faciliteren.

Vooral in het faciliteren van vrije nieuwsgaring laten ook politici steken vallen. Zo is de Wet Openbaarheid van Bestuur in werkelijkheid meer de 'Wet Geheimhouding van de Ondoorgrondelijke Gangen van Politieke Besluitvorming'. Zoals u wellicht weet is mijn collega Mariko Peters bezig met een initiatiefwet om onder andere het aantal uitzonderingsgronden op openbaarheid aanzienlijk in te perken. Dat is broodnodig.

Politieke terughoudendheid is nog meer op zijn plaats als in aanmerking wordt genomen dat het vrije woord helaas voorwerp is van rechterlijke oordelen, waarmee rechtstreeks of indirect ook de vrije ruimte van journalistiek ter discussie staat. Denk bijvoorbeeld aan de vervolging van cartoonisten, de aanklacht tegen de weblogger Bert Brussen of – indirect – in de aantijgingen gedaan tijdens het proces van Wilders over een gebrek aan journalistieke zorgvuldigheid.

Laat ik mij nog een tweede, ronduit vrome opmerking permitteren, en dat is dat ik de kwaliteit van Nederlandse journalistiek over het algemeen hoog vind. Natuurlijk heb ik mijn terugkerende irritaties over journalistieke methoden en het gedrag van sommige journalisten (veel parlementaire journalisten vinden mij daardoor ook behoorlijk lastig), maar aan het einde van de dag waardeer ik de variatie en diepte in nieuws die, zeker voor een klein taalgebied als Nederland, groot is.

Maar na me van mijn beste kant te hebben laten zien wil ik wel een aantal zorgen met u delen. Ik denk dat daar reden toe is en ik denk dat zij een debat in journalistieke kring verdienen.

Het is zorgelijk dat kwaliteitsjournalistiek in Nederland onder druk staat. Door teruglopende advertentie-inkomsten, toenemende concurrentie van oude en nieuwe media en afnemende lezersaantallen hebben vooral gedrukte media het zwaar. Het financieren van bijvoorbeeld dure, maar noodzakelijke onderzoeks- en buitenlandjournalistiek wordt lastig, zeker als daarbij in aanmerking wordt genomen dat de omloopsnelheid van nieuws fors is toegenomen, waardoor voor zogeheten *slow journalism* minder tijd resteert.

Ik heb alle begrip voor de grote reserves die onder journalisten en hoofdredacties leven tegen publieke financiering van onafhankelijke media; tegelijkertijd denk ik dat bijvoorbeeld de versterking van bestaande fondsen noodzakelijk kan zijn om ervoor te zorgen dat kwaliteitsjournalistiek in oude en nieuwe media wordt gewaarborgd.

Daarnaast lijkt het mij goed als er meer mogelijkheden komen voor betaalfuncties op internet van krantenartikelen, vergelijkbaar met het iTunes-systeem dat we voor muziek kennen, en als er één distributiesysteem komt voor kranten, waarmee de kosten voor verspreiding kunnen worden gedrukt.

Intussen is de vvd in het geweer gekomen tegen de vermeende concurrentievervalsing van de publieke omroep door het grote aanbod van sites. Ik vraag me sterk af of vanuit het belang van de nieuwsconsument het terugdringen van publieke sites zo gewenst is. Dit neemt niet weg dat de publieke omroep zelf meer orde zou mogen brengen in het woud van onderling concurrerende sites, dat voortkomt uit de voortwoekerende stammenstrijd tussen omroepen in ons archaïsche, verzuilde omroepbestel. In plaats van het wettelijk beperken van de internetmogelijkheden van de publieke omroep, zouden digitale nieuwsproducten van bijvoorbeeld kranten in het lage btw-tarief van 6 procent moeten worden geplaatst, waardoor de kosten veel lager zijn. Bovendien vind ik de aanhoudende reclame bij de publieke omroep een veel ernstiger vorm van concurrentievervalsing en het lijkt me daarom ook hoog tijd dat het publieke bestel reclamevrij wordt.

Waar de economische omstandigheden voor journalistiek behoorlijk lastig zijn, zijn journalisten niet ontslagen van de plicht om een open debat te voeren over de kwaliteit van hun werk. Zelfreflectie en kritisch onderling commentaar behoren – is mijn voorzichtige constatering – niet tot de grootste liefhebberij van veel journalisten. Ten dele is dat ook terug te zien in de kwetsbare positie van de Raad voor de Journalistiek, waaraan een toenemend aantal media zich weinig gelegen laat liggen. Dat mag de raad zich in de eerste plaats zelf aantrekken. In voorbereiding op deze speech vroeg ik via Twitter suggesties, en een terugkerende klacht was dat de raad tot dusver bijvoorbeeld weinig oog en gevoel heeft voor nieuwe media, wat je ook weerspiegeld ziet in bijvoorbeeld de samenstelling van de raad.

Maar er zijn andere redenen voor zelfreflectie. Er lijkt in een aantal oude media dedain te bestaan jegens de burgerjournalistiek op veel weblogs. Dat miskent de kwaliteit van veel webloggers en de interessante, nieuwe vorm van informatievergaring door gebruik te maken van 'the wisdom of crowds'. Anders dan de klassieke, eenzame journalist die door lang en intensief speurwerk nieuws boven tafel haalt, gebruiken veel weblogs hun fora en zetten zij lezers actief in om kennis te verzamelen. Onmiskenbaar leidt dit wel eens aan het euvel van desinformatie en het ontbreken van hoor en wederhoor (zeker als onzorgvuldigheid als stoer wordt gezien, zoals bij het weblog GeenStijl), maar het neemt niet weg dat de wijsheid van de massa het nieuws ook kan verrijken.

Er is echter ook sprake van een dubbele morele standaard, iets wat bijvoorbeeld goed zichtbaar werd in het hoofdredactionele commentaar van NRC *Handelsblad* over de geretweete bedreiging door de blogger Bert Brussen, waarin vrijelijk vooruitgelopen werd op een strafrechtelijke veroordeling. Toen een paar maanden later mijn dochter werd bedreigd, nam een aantal kranten, waaronder NRC *Handelsblad*, deze bedreiging zonder enige terughoudendheid letterlijk over. Pas na mijn oproep om meer respect te betonen voor haar privacy, verwijderde een aantal kranten (maar niet alle) de bedreiging van hun sites. Dit is een dubbele moraal, waarin oude media zichzelf meer journalistieke vrijheid gunnen dan bijvoorbeeld webloggers.

Een tweede reden voor zelfreflectie is de politieke desinformatie, die veel journalisten kwetsbaar maakt. In de politiek, bij bedrijven en op ministeries zijn er inmiddels hele apparaten opgetuigd om zich journalisten van het lijf te kunnen houden, en om journalistieke informatie te sturen en te manipuleren. Begrijp me niet verkeerd: kritiek hierop verdienen in de eerste plaats politici en bestuurders die zich verstoppen achter legioenen spindoctors en legioenen voorlichters. Maar journalisten zijn extra kwetsbaar als meningen worden gebracht als hard nieuws en als het onderscheid ertussen verdwijnt.

Laat ik een klein voorbeeld geven: tijdens de formatie, in de maanden september en oktober, hebben veel journalisten als hard nieuws gebracht dat het CDA gedwongen was in zee te gaan met VVD en PVV omdat de andere, progressieve politieke partijen (waaronder GroenLinks) weigerden samen te werken met het CDA. Onvoldoende kwam naar voren dat het hier de mening betrof van CDA-informateur Lubbers en dat het ook om een spin in het CDA ging. In een aantal gevallen werd daarbij ook overgenomen dat de partijen die protesteerden tegen deze weergave 'slechte verliezers' waren. Pas veel later werd dit beeld enigszins gecorrigeerd, toen in de media meer ruimte ontstond voor bijvoorbeeld mijn 'mening' dat dit strijdig was met de initiatieven die jegens het CDA waren ondernomen.

Ons land leidt onmiskenbaar aan meningitis. Elke nieuwsgebeurtenis wordt eindeloos gerecycled en herkauwd, tot vermoeiens toe. De grenzen tussen amusement, talkshows en harde journalistieke informatie vervagen: meer dan nu gebeurt, zouden journalisten wat kritischer mogen zijn op deze vervagende grenzen en hun lezers en kijkers het onderscheid helder mogen aangeven.

Een derde reden is de toenemende personalisering van nieuws. Vooral bij commerciële media is er grote belangstelling voor wederwaardigheden van Bekende Nederlanders, vooral hun privéleven. Nu geldt voor de meeste BN'ers dat zij daar ook hartstochtelijk aan meewerken en bepaald geen slachtoffer zijn. Anders was dat bijvoorbeeld bij het pulpblaadje *Binnenhof*, waarin het vuilnis van mijn collega's werd afgebeeld en herkenbare foto's van mijn kinderen werden afgebeeld. Toen enige tijd geleden een van mijn kinderen werd bedreigd, heb ik verzoeken moeten doen aan roddelfotografen om die foto's van hun sites te verwijderen.

Zeker waar personalisering van het nieuws leidt tot het overschrijden van de grens met het privéleven, kunnen de effecten voor betrokkenen heel kwalijk zijn: kritische overdenking van het bewaken van die grens lijkt mij geëigend. Terecht heeft de raad een grens gesteld aan afbeelding van de enige overlevende van de Tripoli-ramp, het jongetje Ruben. Maar persoonlijk was ik geschokt toen mijn favoriete avondkrant NRC *Handelsblad* op de voorpagina groot melding maakte van de zelfmoord van de acteur Antonie Kamerling, daarbij ook geen rekening houdend met het dringende verzoek van de nabestaanden om juist terughoudend te zijn.

Voor kwaliteitsjournalisten geldt dat zij zich over het algemeen verre houden van deze pulpmethoden, maar ook zij worden beïnvloed door de personalisering van nieuws. Dat is bijvoorbeeld terug te zien in de grote populariteit van het interview als journalistieke vorm.

Sinds lang wordt gediscussieerd over een wettelijk recht op weerwoord (het wettelijk verankeren van het recht om in hetzelfde medium waarin iemand ten onrechte en feitelijk onjuist in een fout daglicht is gesteld, een weerwoord te mogen geven). Ik ben, zoals ik al opmerkte, geen voorstander van het vergroten van de greep van de wetgever op vrije journalistiek.

Wel zou ik het goedvinden als journalisten eens met elkaar in debat gaan over het weerwoord dat zij mensen gunnen over wie zij onjuist hebben bericht. De bestaande rectificatiemogelijkheden (een piepklein, nauwelijks te vinden berichtje, dagen nadat er groots onjuiste informatie is gepubliceerd) schieten tekort.

Een tweede suggestie die ik wil doen, betreft de interviews. Ik weet dat journalisten zich dikwijls ergeren aan 'de ziekte van autorisatie', waaraan ik overigens ook lijd. Omgekeerd zijn er dikwijls ergernissen over samenvoeging van citaten die onderling geen verband hebben, slordigheid en tendentieuze samenvattingen. Ik kan me nog wel eens ergeren aan de selectie van citaten, waar door de journalist dan een nieuwe vraag boven is geplaatst (die mij in werkelijkheid nooit is gesteld). Wellicht zou het overweging verdienen om ruwe, ongemonteerde of ingekorte interviews op internet te plaatsen. De journalist weet zich dan beschermd tegen draaiende geïnterviewden die later ontkennen dat zij zich vergalopeerd hebben, terwijl de geïnterviewde zijn autorisatiedrang makkelijker kan intomen. Mocht een interview een conflict opleveren tussen interviewer en geïnterviewde, dan kan het publiek zelf controleren wie er gelijk heeft.

Hier wil ik het bij laten, me realiserend dat ik voor jaren de ruimte heb opgesoupeerd om als politicus journalisten toe te spreken. Het is nu weer aan u om mij te beoordelen.

Verantwoording

BLIJF VAN ONZE GRONDRECHTEN AF

Deze bijdrage was de lezing waarmee op 5 september 2002 het studiejaar aan de rechtenfaculteit van de Universiteit Utrecht werd geopend.

BURGERSCHAP VOOR IEDEREEN

Sinds 1998 wordt in Nijmegen jaarlijks de Burgemeester Dales Lezing gehouden, vernoemd naar de in 1994 overleden PvdA-politica Ien Dales. Daarin worden 'waarde en werking' van artikel 1 van de Grondwet onder de loep genomen. Dit was, op 24 januari 2003, de lezing van Femke Halsema.

UIT LIEFDE VOOR DE GRONDWET

De Tweede Kamer behandelde op 8 en 9 september 2004 het voorstel van Femke Halsema om de rechter de bevoegdheid te geven wetten te toetsen aan een aantal bepalingen van de Grondwet, de zogeheten constitutionele toetsing. Dit is een enigszins herzien deel van het antwoord aan de Kamer in eerste termijn.

Dit stuk werd in 2004 gepubliceerd in *De Helling. Kwartaalblad voor linkse politiek* (nr. 2004/2).

DE CULTUUR VAN DE MIDDELVINGER

Tijdens een debat in de Tweede Kamer op 14 april 2005 werd gesproken over het offensief van premier Balkenende om de normen en waarden in Nederland te versterken.

EEN LINKSE LENTE

Dit stuk, uit oktober 2005, verscheen als nawoord in Bart Snels (red.), *Vrijheid als ideaal* (SUN, Amsterdam, 2005).

KANSEN GEVEN HEEFT EEN PRIJS

Begin 2006 werd Femke Halsema vanwege het manifest *Vrijheid eerlijk delen* door de politieke jongerenorganisatie JOVD uitgeroepen tot Liberaal van het Jaar. Met deze toespraak nam ze op 6 januari de eretitel in ontvangst.

THUIS MET DE KINDEREN: GEEN LUXE, MAAR ARMOE

Dit is de weergave van de Annie Romein-Verschoorlezing, gehouden op donderdag 11 maart 2010 aan de Universiteit Leiden.

NIET ZOMAAR ALLES SCHREEUWEN WAT JE DENKT

In de Stadsschouwburg van Amsterdam werd op zaterdag 30 juni 2007 de Nacht van de Vrijheid gehouden. Femke Halsema was vooraf gevraagd te reageren op de openingstoespraak van de eregast van de avond, de Britse schrijver, maatschappijcriticus en psychiater Theodore Dalrymple. Die zei twee grote bedreigingen van de vrijheid te zien: haar 'ideologische vijanden', én de bereidheid 'uit angst voor die vijanden onze mening voor ons te houden'. Het laatste gevaar lijkt hem groter dan het eerste. 'Want een samenleving die vastbesloten is haar vrijheid principieel te verdedigen, heeft heel weinig te duchten van haar vijanden.'

VINGEROEFENINGEN IN BURGERMOED

Deze tekst werd uitgesproken op 25 februari 2008 in Amsterdam tijdens de jaarlijkse Abvakabo-bijeenkomst bij de herdenking van de Februaristaking.

EEN KLASSIEK VERSCHIL VAN MENING

Dit was de openingsrede van de Nacht van de Filosofie, vrijdag 9 april 2010 gehouden in Felix Meritis, Amsterdam.

RELIGIE EN POLITIEK

Dit stuk was op dinsdag 13 mei 2008 de lezing bij de uitreiking van de jaarlijkse Ab Harrewijn Prijs, vernoemd naar het in 2002 plotseling overleden GroenLinks-Kamerlid.

NIET VEROORDELEN, NIET UITSLUITEN

Voorgelezen tijdens de GroenLinks-conferentie *Godsdienstvrijheid of vrij van godsdienst?*, zaterdag 9 oktober 2010 in de Jacobikerk in Utrecht.

Uitgesproken op 20 februari 2006 bij het afscheid van Ed van Thijn als bestuurslid van Stichting Democratie & Media, voorheen Stichting Het Parool.

WEG MET DE MENINGITIS

Deze toespraak werd gehouden op woensdag 3 november 2010 op een bijeenkomst ter gelegenheid van het vijftigjarig bestaan van de Raad voor de Journalistiek.